thinkoya

*Für Anmerkungen zu diesem Text bin ich mehreren Menschen dankbar; besonders aber euch: Luis Jara, Raj Patel und Aram Ziai.*

Friederike Habermann – Der unsichtbare Tropenhelm
Wie koloniales Denken noch immer unsere Köpfe beherrscht
Akt 83


thinkOya ist ein Imprint der Drachen Verlag GmbH, Klein Jasedow

Umschlagillustration: Eckhart Twistel
Layout, Satz und Herstellung: www.humantouch.de
Druck und Bindung: Finidr, s.r.o., Český Těšin
Printed in Czech Republic

ISBN 978-3927369-75-7

**www.think-oya.de**

# Der unsichtbare Tropenhelm

## Wie koloniales Denken noch immer unsere Köpfe beherrscht

Friederike Habermann

think oya

# Inhalt

## Epilog



## Anhang

# Prolog

## Wer bin ich und wenn ja, warum? Oder: Weißsein wird gemacht

»Wie koloniales Denken noch immer unsere Köpfe beherrscht«, heißt der Untertitel dieses Buchs. Doch wer ist ›wir‹?

Dazu zunächst: Wer bin ich? Eine weiße Frau.[1] Warum ich weiblich wurde, hängt nach heutigen wissenschaftlichen Erkenntnissen vom Tag im Zyklus bei meiner Zeugung sowie vom leicht fortgeschrittenen Alter meiner Mutter ab. Doch was soll's. Das Olympische Komitee, als diejenigen, die wirklich wissen wollten, woran sich festmachen lässt, ob jemand weiblich oder männlich ist, hat inzwischen den Glauben aufgegeben, eindeutige biologische Unterschiede zwischen Männern und Frauen finden zu können: Ob Östrogen oder Testosteron, ob XX- oder XY-Chromosomen, ob unter 2,5 Zentimeter (Klitoris) oder darüber (Penis) – alle Kombinationen sind möglich, alles geht, alles kann durcheinander gehen. Anstatt an sogenannten Geschlechtstests wird sich inzwischen vor allem daran orientiert, wer als Frau oder Mann lebt, und zwar mindestens seit zehn

Jahren.[2] Nun, das tue ich. Aber darum geht es hier ja eigentlich gar nicht.

Sondern darum, warum ich weiß bin. Ich, Friederike Habermann, Familien-Nr. D6323. Nun, es habe, sagte meine Oma manchmal scherzhaft, an dem Cognac gelegen, den die Frau des Apothekers, bei dem sie in die Lehre ging, in die Bowle getan hatte. Und weder meine Oma noch der zu Besuch gekommene Neffe des Hauses wussten davon. »Aber ich muss doch bitten«, kommentierte dies mein Großvater (D63) und fügte hinzu: »Ob mit oder ohne Cognac: ohne Zweifel war es auf beiden Seiten Liebe auf den ersten Blick ... Und natürlich war es Mai ... kurz vor Pfingsten. Immerhin wollte ich in vierzehn Tagen für wer weiß wie lange Zeit nach Afrika fahren, und Afrika war damals doch noch eine abenteuerlichere, lockendere Welt als heute.«[3] Tatsächlich hatte der junge Georg seine Zukünftige morgens das erste Mal gesehen und sich des Abends heimlich mit ihr verlobt. Schon am nächsten Morgen hatten sie sich wieder trennen müssen – wobei der Abschiedskuss von der uneingeweihten Cousine meines Opas vermeintlich tröstend mit »Ach, Fräulein Lore, das dürfen Sie nicht tragisch nehmen! Mein Vetter küsst ja so gern die jungen Mädchen!« kommentiert wurde.

Die beiden Liebenden schafften es noch, sich direkt vor seiner Abfahrt für ein paar Stunden zu sehen (woraufhin er um ein Haar das Schiff verpasst hätte). Zwei Jahre darauf fuhr sie ihm nach. Und so wurde aus dem jungen Fräulein Lore D63a. Ja, und wenn es diese Begegnung im Jahr 1927 nicht gegeben hätte – und keinen Rassismus, der meinem Großvater eine Heirat mit einer Afrikanerin als undenkbar erscheinen ließ –, dann wäre ich heute nicht weiß.

Dieses Wir also meine ich: das der weißen Menschen und etwas konkreter: jener Weißen aus Deutschland, der Schweiz und

Österreich – nun, letztlich aber, wer immer sich angesprochen fühlt.[4] Dieses Wir ist, woran ich mit meiner Geschichte erinnern wollte, ein konstruiertes: Ein Wir, das wahr gemacht wurde. Früher mit Gesetzen gegen ›Rassenvermischung‹, heute gerne mit dem Argument der ›Kultur‹.

Doch nicht einmal in der richtig guten alten Zeit hat es ein solches einheimisches Wir je gegeben: Da die ersten Menschen aus Afrika kamen, haben wir alle einen migrantischen Hintergrund. Alle späteren Versuche, Grenzlinien zwischen Menschen zu ziehen – sei es aufgrund von Herkunft, Geschlecht, Religion oder was auch immer, dient vor allem einem: Klar zu machen, wer dazu gehört und wer nicht. Und damit letztlich: Wer an bestimmten Privilegien teilhat und wer nicht.

Unsere Wirklichkeit heute ist nicht zuletzt das Ergebnis von fünfhundert Jahren Kolonialismus. Ohne Kolonialismus gäbe es keine ›Erste Welt‹ und auch keine ›Dritte‹, nicht den täglichen Hungertod von hunderttausend Menschen und nicht das klammheimliche Gefühl, dass der Westen im Grunde doch die beste aller Welten ist.

Wie der Kolonialismus uns die weiße Sicht als überlegene Norm in die Köpfe gepflanzt hat, darum geht es in diesem Buch. Und darum, wie sich das westliche Subjekt nicht zuletzt auch im Prozess dieser Kolonialisierung herausgebildet hat, und wie dies auch bedeutet: die Kolonialisierung von uns selbst.

## Ist Rassismus von gestern? Eine Momentaufnahme

Doch ist die Thematisierung von Rassismus wirklich notwendig in einem Land wie Deutschland, in dem Barack Obama vermutlich als beliebtester Politiker gilt?

Obwohl es eine knappe Mehrheit wäre, denn er würde wohl maximal von jenen 57 Prozent der Deutschen gewählt, die die Aussage absurd finden, dass »die Weißen zu Recht führend in der Welt sind«.[5] Doch auch unter diesen könnte es ihm passieren, dass seine Fans ihm fasziniert und unangekündigt über das ungewohnt krause Haar streichen.

Denn das unbeabsichtigte ›Zum-Fremden-Stempeln‹ ist Alltag nicht nur für Mitbürger mit Migrationshintergrund (dazu schreibt Sheila Mysorekar: »Ich weiß nicht, wer die Abkürzung ›MiMiMi‹ erfunden hat, aber sie ist großartig«[6]), sondern auch für alle Schwarzen Deutschen.

Spätestens seit Beginn der neuen Frauenbewegung, und damit seit über vierzig Jahren, versuchen Feministinnen, Männern zu erklären, dass auch vermeintliche Komplimente herabwürdigend sein können. Ende Januar 2013, während dieses Buch entsteht, erreicht die Sexismus-Debatte endlich eine breite Öffentlichkeit, ausgelöst durch einen Bericht der Stern-Journalistin Laura Himmelreich, wonach der frisch gekürte FDP-Spitzenkandidat Rainer Brüderle bei einer früheren Gelegenheit auf ihre Brüste geschaut und diese vermeintlich wohlwollend kommentiert hatte. »Aufschrei auf Twitter: Männer nehmen den alltäglichen Sexismus gar nicht wahr«, titelt Spiegel Online am 25. Januar 2013. In der Printausgabe der Vorwoche wurde Brüderle, da noch in Konkurrenz um Ämter mit Philipp Rösler, zitiert mit »Glaubwürdigkeit gewinnt man, indem man nicht wie Bambusrohre hin- und herschwingt, sondern steht wie eine Eiche.« »Jeder wusste, wer gemeint ist«, schrieb Spiegel-Autor Jan Fleischhauer mit Blick auf den in Vietnam geborenen Politiker of Color Rösler. Und offenkundig war Fleischhauer von diesem Vergleich begeistert, denn er führt ihn noch fort: »Anders als im Eichenwald, wo die einzelnen Stämme klar auszumachen sind, büßt man im Bambushain auch schnell die Orientierung ein.« Ja, im Westen gibt es Individuen, in Asien nur Masse – die Schlitzaugen sehen doch sowieso alle gleich aus! Dagegen sind deutsche Männer bekanntlich wie deutsche Eichen: das Sinnbild für Heldentum und Stärke. Und vom Ernst ihrer bedeutenden Position durchdrungen! Anders der FDP-Parteivorsitzende: »Der fröhliche Rösler hat auch stets einen Fotoapparat dabei«, weiß Fleischhauer. Doch welch überflüssige Bemerkung, die sind den Fernasiaten doch angewachsen! Der Spiegel-Autor berichtet weiter, manchmal dränge es den FDP-Generalsekretär Patrick Döring, Rösler an den Armen zu packen und zu schütteln: »Du bist Vizekanzler der größten Industrienation Europas«. Einmal habe er so etwas sogar gesagt. »Aber darauf antwortete Rösler nur, er wolle sich nicht verbiegen lassen, was bei einem Menschen, den andere mit einem Bambusrohr vergleichen, ungewollt komisch klingt«, so wieder Fleischhauer. Und weil es so wunderwunderschön ist, kommt er auch auf der dritten Seite, ein drittes Mal, in seinem Schlusssatz, auf den Bambuswald zurück – das Zitat erspare ich mir jetzt.[7] Doch damit hat es noch kein Ende: Auch in den auf den Artikel bezogenen Leserbriefen wird dieses Bild erneut mehrfach aufgegriffen.

In der Talksendung Günther Jauch zum Brüderle-Sexismus mit dem Titel »Herrenwitz mit Folgen«[8] wurde von Stern-Chefredakteur Thomas Osterkorn nicht vergessen, »unsere Freunde mit Migrationshintergrund« zu erwähnen; gerade diese – »einige von ihnen jedenfalls«, fügt er hastig hinzu – ließen Respekt im Umgang mit Frauen vermissen. Ob sich Philipp Rösler angesprochen gefühlt hat?

Ach, Südostasiaten waren gar nicht gemeint?

Stimmt, die Klischees sind differenzierter: Wir sehen eine Thailänderin und denken: aus dem Sexurlaub mitgebracht. Wir sehen einen Bolivianer und denken: Panflötenspieler. Wir sehen einen Schwarzen und denken: Asylbewerber. Wir sehen eine weiße Person und denken: ... naja, wahrscheinlich denken wir ›Mann‹ oder ›Frau‹, ›reich‹ oder ›Unterklasse‹, ›schön‹ oder ›hässlich‹ et cetera – schlichtweg einen Menschen erkennen wir in unserer Gesellschaft in unserem Gegenüber nur dann, wenn die Person in allen Kategorien unserer eigenen Identitätszugehörigkeit entspricht.



Chefredakteur Osterkorn dachte wohl auch nicht an jemanden, der bereits im Alter von neun Monaten nach Deutschland migrierte. Bei weniger prominenten Persönlichkeiten zählen solche Feinheiten bei der alltäglichen Begegnung hingegen nicht.

Ein Anzeichen, der jeweils untergeordneten Kategorie anzugehören, besteht darin, beständig auf diesen Aspekt der Identität reduziert zu werden. Besonders anstrengend ist das dann, wenn sich jemand mit diesem gar nicht identifiziert.

Sheila Mysorekar, Vorsitzende der »Neuen Deutschen Medienmacher«[9], beschreibt ihre eigene alltägliche Erfahrung:

> »Indien hat über eine Milliarde Einwohner. Ganz schön anstrengend als Indodeutsche, immer alle vertreten zu müssen. Jedes Mal, wenn sich dort wieder Hindus und Moslems in die Haare kriegen, komme ich in Erklärungszwang. Bei jedem Ärger zwischen Indien und Pakistan finde ich mich als unbezahlte Regierungssprecherin wieder. Ich repräsentiere links und rechts, nach vorn und hinten, mal die indische Softwareindustrie, dann wieder die Yogis, dann die unterdrückten Frauen – ich sag' ja, bei einer Milliarde Leute, da kommt ganz schön was zusammen. Aber ich mach das gerne, bei Partys, auf der Arbeit, an der Straßenbahnhaltestelle, da bin ich Inderin-zum-Anfassen, beantworte qualifizierte Fragen über heilige Kühe und Mutter Teresa und vegetarisches

Essen und Witwenverbrennung – und das alles in lu-pen-reinem Deutsch!«[10]

So sei in diesem Land jede nicht-weiße Person »dunkel genug, um etwas repräsentieren zu müssen.«

»Möglicherweise ohne direkten Bezug zur Heimat des Vaters oder der Mutter, weil man ohne den Schwarzen Elternteil aufgewachsen ist, also etwas repräsentieren muss, das man gar nicht kennt oder nur aus dem Fernsehen. Egal. Mitgefangen, mitgehangen. Siehst du aus wie ein Neger/Fidschi/Kanake, dann musst du auch für alle geradestehen. Für Selbstmordattentäter, Uranschmuggler, Kopftuchlehrerinnen, Drogendealer, Dönerverkäufer, Asylbetrüger, Katalogbräute, Radikalislamisten.

Du bist Realschüler aus Aschaffenburg? Soso. Deine Großeltern sind aus Pakistan, aber du warst noch nie in einer Moschee? Ja und? An wen soll sich Otto Normalverbraucher denn sonst wenden, wenn er einem islamistischen Bombenleger mal richtig seine Meinung sagen will? Du kannst nicht einfach rumlaufen mit einem Terroristen-Gesicht und dann naiv behaupten, du hättest mit all dem nichts zu tun. Versuch mal, dich für einen Pilotenschein anzumelden, dann wirst du schon sehen! Also, nicht drücken: Auf zum Pauschalrepräsentieren – Teppichhändler, Ghettorapper, Putzfrauen, Diktatoren, Karatekämpfer, Menschenschmuggler.

Deine Stellenbeschreibung: Vermittler/-in zwischen an Vermittlung desinteressierten Kulturen spielen. Wie, du kannst nur deutsch und sächsisch? Dann such dir schnell aus dem Internet gängige afrikanische Grußworte zusammen – die Sprache ist egal – und ein paar Rezepte noch dazu für das nächste Multi-Kulti-Straßenfest. Wer soll das denn sonst machen, wenn nicht du? Und wenn die SSS Ausländer zum

Zusammenschlagen braucht, wird auch sie sich vertrauensvoll an dich wenden.«[11]



Denn so wie sich Sexismus nicht in Herrenwitzen erschöpft, so gibt es Rassismus bekanntlich auch in seinen brutalsten Spielarten: Die Zeitung Die Welt listet am 20. November 2011 mit Daten der Amadeu Antonio-Stiftung 181 Mordopfer durch Nazis seit 1990 auf – nicht alle, aber viele davon of Color. Darüber hinaus sei die Dunkelziffer hoch.[12]

46 Prozent der Menschen in Deutschland finden, es gebe hier »zu viele Ausländer«. Und diejenigen, die zuschlagen, ja, selbst jene, die morden, finden darin Rückhalt.

Dass die Morde der NSU jahrelang als »Döner-Morde« quasi als Kleinkrieg unter Nicht-ganz-so-Zivilisierten abgetan wurden, spricht Bände. Die Rolle des Verfassungsschutzes – mehrfache Vernichtung von Beweismaterial, das Nicht-Weitergeben von Informationen, die Anwesenheit eines V-Mannes im Augenblick des Mordes – lässt sich im Moment nur erahnen.

Und welche Gefühle lässt der Fall des 2005 im Polizeigewahrsam in Dessau verbrannten Oury Jalloh bei Schwarzen in Deutschland aufkommen? Angeblich hat dieser sich selbst angezündet: Auf einer feuerfesten Pritsche, in einer bis zur Decke gefliesten Zelle, mit sensibler Gegensprechanlage versehen (zufällig gerade leise gestellt), alle halbe Stunde kontrolliert (nichts Auffälliges bemerkt), Jallohs Fesseln durch Eisenringe in Wand und Boden gezogen. Der angesprungene Rauchmelder wurde von den wachhabenden Polizisten abgestellt (Fehlalarme kommen ja immer mal vor). Das in der Durchsuchung von Oury Jalloh bei seiner Einlieferung seltsamerweise übersehene Feuerzeug, das er dann gefesselt lässig hervorgezogen und gebraucht haben soll – erst Tage nach dessen Flammentod in die Aservatenliste eingetragen –, weist weder Spuren seiner Kleidung noch seiner

DNA auf. – *»Race doesn't exist but it does kill people«,* steht 1995 in der englischen Übersetzung eines Werks der französischen Soziologin Colette Guillaumin zu lesen.[13]

Entwicklungsminister Dirk Niebel äußert sich öffentlich zwar ausschließlich zum alltäglichen Sexismus (viele seiner Geschlechtsgenossen seien dem ausgesetzt!), doch tatsächlich läuft zeitgleich auch eine Diskussion zu Rassismus. Angestoßen wurde diese durch Mekonnen Mesghena, Leiter des Referats Migration & Diversity bei der Heinrich-Böll-Stiftung. Doch er handelte in seiner Funktion als Vater: Als er das von einer Freundin geschenkte Buch »Die kleine Hexe« seiner siebenjährigen Tochter vorliest, stolpert er über Wörter wie »Negerlein«, »Türken«, »Zigeuner«, »Eskimos«, »Chinesen« et cetera – und fühlt sich wie vor den Kopf gestoßen. Mesghena schreibt an den Thienemann Verlag. Nach mehrmaligem Schriftverkehr erhält er Ende November 2012 eine ihn überraschende Antwort: Der Begriff »Negerlein« werde ersatzlos gestrichen, die anderen Begriffe würden durch andere Figuren ersetzt. Der Tageszeitung taz gegenüber versichert der Verleger Klaus Milberg, es würden nun alle Klassiker durchforstet.[14] Zum Teil sei dies aber auch schon vorher geschehen.

Von der Wochenzeitung Die Zeit befragt, erklärt Bundesfamilienministerin Kristina Schröder, sie werde ihrer Tochter gegenüber das Wort »Negerkönig« nicht verwenden, wenn sie ihr Pippi Langstrumpf vorlese, sondern »synchron übersetzen«. Auf diese Weise wolle sie ihr Kind davor bewahren, solche Ausdrücke zu übernehmen, und ihm später erklären, »was das Wort ›Neger‹ für eine Geschichte hat, und dass es verletzend ist, das Wort zu verwenden«[15]. Stern-Autor Hans-Ulrich Jörges höhnt dagegen, er habe seine Töchter wohl rassistisch verseucht, weil er ihnen früher Jim Knopf vorgelesen habe; dort ist die Rede von »Negerbaby«. Hierdurch verwundert, verweist Zeit Online-Autorin Jeannine Kantara am 27. Dezember 2012 auf eine Untersuchung über Pippi Langstrumpf von Maisha-Maureen Eggers, Professorin für Kindheit und Differenz in Magdeburg-Stendal, wonach die Botschaften von Pippi Langstrumpf weit über den Begriff »Neger« hinaus problematisch bleiben: »Emanzipation nur für weiße Kinder?« heißt Eggers Zusammenstellung von diffamierenden Passagen, und sie zeigt auf, dass das Kinderbuch im Gegensatz zu Pippis Stärke und Widerständigkeit Schwarze als stumme Masse sowie sich Weißen willig unterwerfend erscheinen lässt.[16]

In der Magazin-Ausgabe, welche auf jene mit Jan Fleischhauers Betrachtungen zu Bambussen folgte, spricht sich Spiegel-Autorin Dialika Neufeld dafür aus, den Begriff ›Neger‹ aus Kinderbüchern zu streichen, auch wenn bedeutende Literaturschaffende wie Astrid Lindgren, Michael Ende oder Otfried Preußler ihn – dem damaligen, abwertenden Sprachgebrauch entsprechend – in ihren Werken benutzten. Tatsächlich ersetzte der Oetinger Verlag in »Pippi Langstrumpf« den »Negerkönig« bereits durch »Südseekönig«. Kein literarischer Verlust, findet Dialika Neufeld, und macht auch keinen Hehl daraus, wie sehr sie selbst sich durch diesen Begriff als Kind verletzt gefühlt hat. Doch in der Zeit vom 17. Januar 2013 bezeichnet Ulrich Greiner ein solches Ansinnen als ein »Vergehen an der Literatur« und bemüht dafür sogar Artikel 5 des Grundgesetzes: »Eine Zensur findet nicht statt.« Er fragt: »Was aber, wenn sie doch stattfindet? In der menschenfreundlichen Absicht, auf die Gefühle von Minderheiten Rücksicht zu nehmen?« Ja, seit wann nehmen wir aus Menschenfreundlichkeit Rücksicht, wenn es der Dominanzkultur nicht gefällt? Greiner scheut auch nicht, die Geschichtsfälschung aus George Orwells »1984« zu zitieren und polemisiert, ob denn auch der dritte Heilige König dann nicht mehr Schwarz dargestellt werden dürfe, da die Bibel doch keinen Hinweis auf eine Hautfarbe gebe? Anscheinend ist weiß für ihn alles, was nicht als Schwarz markiert ist.

Dieser Artikel erzürnte die neunjährige Ishema Kane aus Hamburg sehr. Am 19. Januar 2013 schrieb sie einen Leserbrief an Die Zeit: »Liebe Redaktion, Sie haben Glück, dass ich zumindestens diesen Brief in Schönschrift schreibe, denn ich bin sehr sauer auf Sie. Warum sollte es *nicht* verboten werden, in Kinderbüchern Neger [gemalter Blitz] zu schreiben? Man muss sich auch mal in andere Menschen hineinversetzen. [...] Ich finde es total scheiße, dass das Wort in Kinderbüchern bleiben soll, wenn es nach euch geht.« Der Brief schließt mit einigen weiteren gemalten Blitzen.

Auch die für Die Zeit interviewten Hamburger Schulkinder hatten sich – Greiners eigener Auswahl von Zitaten zufolge – unisono für das Streichen des Begriffs ausgesprochen; davon lässt er sich jedoch nicht beeindrucken. Auch fehlt bei ihm nicht der Verweis auf »das Heer jener Illiteraten«, die von Pippi Langstrumpf noch nie etwas gehört hätten und trotzdem ganz genau wüssten, was ein Neger ist. Will sagen: Die Rassisten, das sind andere, und zwar jene, die wir zunehmend als seit Generationen von Staatshilfe lebende und quasi biologisch zur Aufnahme von Bildung und ›Menschenfreundlichkeit‹ unfähige Unterklassenrasse konstruieren. Seltsamerweise plädieren gemäß einer Umfrage des Emnid-Instituts im Auftrag der Bild am Sonntag 85 Prozent der befragten Deutschen mit Volksschulabschluss und ohne Lehre für eine Anpassung der Texte, doch nur 37 Prozent derjenigen mit Hochschulreife. Demnach muss es sich bei der Leserschaft des Tagesspiegels um sehr gebildete Menschen handeln, denn dort stimmen bis zum 1. Februar, kurz vor 18 Uhr (mit 1786 gegen 849 Stimmen) 68 Prozent gegen eine Veränderung – inmitten eines Artikels der Theaterregisseurin Simone Dede Ayivi, in dem diese klar macht, dass sie bereits durch die Formulierung der Zeit-Titelfrage »Unsere liebsten Kinderbücher werden politisch korrekt umgeschrieben« aus dem Wir ausgeschlossen ist.

»Mit der Aussage, dass Kinderbücher mit rassistischem Sprachgebrauch es niemals auf meine Favoritenliste schaffen, gebe ich zu, dass ich eine dieser schwarzen Frauen bin, die der Meinung sind, dass Wörter kränken und Schaden anrichten können. Und wie sollte ich anders darauf kommen als durch eigene Erfahrung? Ich oute mich also als gekränkt und beschädigt. Das ist kein guter Ausgangspunkt für eine Rassismusdebatte, in der denjenigen, die Rassismus thematisieren, immer wieder Empfindlichkeit vorgeworfen wird. Ich bekomme ständig erklärt, durch was ich mich berechtigterweise verletzt fühlen darf und was nur meiner Empfindsamkeit geschuldet ist.«[17]

Eine Kontrolle am 5. Februar, 14 Uhr, ergibt: 2042 zu 943 Stimmen. Wieder 68 zu 32 Prozent. Der Wähler hat gesprochen! Unsere Demokratie funktioniert nun mal mit Mehrheitsentscheidungen. Das hat bei uns Tradition. Das war schon 1933 so.

Dabei durften beim Tagesspiegel nicht nur Deutsche of Color, sondern auch alle MiMiMis mit abstimmen, selbst jene ohne deutschen Pass. Bei der Bild-Umfrage dagegen, bei der sich, sozusagen um den Bildungsstand bereinigt, immerhin glatt die Hälfte für die Änderung aussprach, waren entsprechend der Gesetzeslage nur jene befragt worden, die in Deutschland auch wirklich stimmberechtigt sind. Macht ja auch kaum einen Unterschied: Nur neun Prozent der Inländer (ja, auch Ausländer sind Inländer!) haben keinen deutschen Pass; selbst in Berlin sind es lediglich elf Prozent. In der gesamten Schweiz sowie den

österreichischen Städten Wien, Graz und Linz, wo der Anteil der dort Lebenden mit Pässen ausländischer Nationen jeweils bei um die 25 Prozent schwankt, bedeutet diese Logik: Über jede und jeden Vierten wird von den anderen Dreien entschieden.

Und so kann dann demokratisch entschieden werden, dass in der Schweiz keine Moschee mit Minarett – was dem Kirchturm entspricht – mehr gebaut werden dürfe, da dieses als islamisches Machtsymbol einen undemokratischen Alleinvertretungsanspruch zum Ausdruck bringe.

Doch ich will nicht abschweifen, sondern nochmals Simone Dede Ayivi zitieren:

»Die Streichung rassistischer Begriffe ist nur der Anfang vom Frühjahrsputz. Raus mit den kolonialen Altlasten! Dazu muss man aber erst mal zugeben, dass Deutschland eine Kolonialgeschichte hat. Dass zu unserem kulturellen Erbe jahrhundertealte rassistische Muster gehören, durch die wir – auch schwarze Deutsche – geprägt und sozialisiert wurden.«

Na denn ma' tau.

# Koloniale Zeiten



## Zähmung der wilden Barbaren oder: Die Bürde des weis(s)en Besserwessis

Auch Ossis können heutzutage Besserwessis sein – willkommen in der ›Ersten Welt‹ und damit der westlichen, gemeinsam sind wir der ›Globale Norden‹. Zudem ist diese Eigenschaft älter als die Ost-West-Teilung und wurde gegenüber den Ländern der ›Dritten Welt‹ (dem Süden) sowohl von der ›Ersten‹ (dem Westen) als auch der ›Zweiten‹ (dem Osten) praktiziert. In einem Gedicht von Rudyard Kipling wurde die Last des Besserwissens 1899 als »Bürde des weißen Mannes« bezeichnet und dient seit der Erfindung demokratischer Begründungen für Herrschaft als Legitimierung von Kolonialismus und der Einpassung in Absatz- und Zulieferungsstrukturen für die Weltmärkte.

Sinnbildlich wurde diese Legitimationsstrategie in der um 1575 angefertigten Zeichnung von Jan van der Straet, welche die ›Entdeckung‹ Amerikas darstellt: Der angezogene und mit technologischen Errungenschaften bewaffnete Amerigo Vespucci, nach welchem Amerika (weiblich) benannt wurde, hinter ihm sein herrschaftliches Schiff, steht aufrecht vor einer ihn erotisch einladenden Nackten, welche sich in einer Hängematte räkelt. Dahinter braten weibliche Indigene gerade ein (männliches?) Menschenbein.

In der mit Mitteln des Zweiten Deutschen Fernsehens 2010 produzierten Dokumentation »Das Weltreich der Deutschen« heißt es: »Seit den 80er Jahren des 19. Jahrhunderts patrouillieren deutsche Kriegsschiffe im Südpazifik. Auch hier will das Reich seinen ›Platz an der Sonne‹ sichern. Für die Deutschen ist es ein Paradies, in dem Milch und Honig fließen. Hier scheint es im Überfluss zu geben, wovon man in Deutschland nur träumen kann. Das freizügige Leben der Südseeinsulaner weckt Sehnsüchte.« Die Bilder zeigen währenddessen halbnackte braune Schönheiten, die im Pazifik spielen. Nun wird der Historiker Horst Gründer eingeblendet: »Man ging von diesem Bild aus: glückliche Menschen, die in einer bukolischen Landschaft lebten und denen sozusagen die Bananen in den Mund wuchsen. Die Wirklichkeit sah allerdings anders aus.« In diesem Moment ein stechender Ton, gefolgt von Hintergrundgeräuschen, die auf der Tonspur eines Thrillers ankündigen würden: »Der Mörder schleicht sich von hinten heran.« Man sieht ein Schilfdach. Die Kamera schwenkt nach links. Totenköpfe kommen darunter zum Vorschein. Dann sind Knochen im Bild, hinter denen Rauch aufsteigt. Mit diesem steigt auch eine Ahnung in der Zuschauerin auf – Kannibalen! Und schon kommt ein primitiv geknüpftes Netz mit mindestens sechs Totenköpfen halb über einem Lagerfeuer hängend ins Bild. Nun wieder die Stimme aus dem Off: »Denn die Südsee ist groß. Hier leben unterschiedliche Kulturen mit eigenwilligen Gebräuchen.« Der Historiker Horst Gründer: »Und alles das mussten die Deutschen erst erfahren.« Er nennt den Kannibalismus als eines der Elemente, das sie am meisten geschockt habe. Wieder kommt ein Totenschädel ins Bild. »Allein in Neuguinea leben tausend verschiedene Stämme. Jeder spricht seine eigene Sprache.« Der Unterschiedlichkeit dieser Kulturen wird visuell jedoch trotz der nun schnell geschnittenen Bilder widersprochen: Beine, die tanzen, während Totenköpfe auf dem Boden liegen. Männer, die Totenköpfe als Kopfkissen benutzen. Währenddessen hält der Gruselsound an. Die Off-Stimme: »Neuguinea ist eine der größten Inseln der Welt. Der Nordosten ist seit 1884 eine deutsche Kolonie. Eine Herausforderung! Hier leben auch Kannibalen!«

Die wissenschaftliche Diskussion, inwieweit Kannibalismus überhaupt jemals in nennenswertem Ausmaß praktiziert wurde, wird nicht thematisiert. Stattdessen werden Beamte des Kaiserreichs nachgespielt. Die Off-Stimme: »In Berlin ist die Regierung zunächst unschlüssig, wie mit Menschen umzugehen ist, die sich gegenseitig verspeisen. Deutsche Kolonialbeamte wissen, dass mit bloßen Verordnungen nichts zu erreichen ist.« Im Hintergrund sind deren Stimmen zu hören: »Wie kann man das nur verhindern? Was können wir tun?« »Ratlos studieren sie die Rezepte.« – Rezepte, wie Menschenfleisch am schmackhaftesten zubereitet werden kann, natürlich.

Angesichts der Proteste gegen das antiislamische Hetzvideo »Die Unschuld der Muslime« klagte der britisch-deutsche Journalist Alan Posener in Die Welt über die »haarsträubende Undankbarkeit« der islamischen Gesellschaften. Freilich erkenne man das Muster: »Wer die Freiheit und die Zivilisation bringt, erntet den Hass.« »In der Praxis wird die ausgestreckte Hand des Westens oft genug gebissen.« Dabei sehnten sich die Muslime nur nach »der geistigen Knechtschaft«.[18] Ohne erkennbare Ironie, so beobachtet Knut Mellenthin in einer Analyse westlicher Berichterstattung über die Proteste[19], zitiert Posener ausgiebig aus Rudyard Kiplings »The White Man's Burden«: »Schultert die Bürde des Weißen Mannes / Erntet seinen alten Lohn / Den Vorwurf derer, denen ihr helft / Das Geschrei derer, die ihr zum Licht / (Ach, langsam!) verführen wollt' [...] / Eure frisch gefangenen, mürrischen Völker / halbe Teufel und halbe Kinder«. Und so weiter und so fort zitiert Posener, bis er sich schließlich unter der Zwischenüberschrift »Kiplings Gedicht wirkt ganz aktuell« selbst im Dichten versucht: »Wer die Freiheit und die Zivilisation bringt, erntet den Hass. / Denn diese Leute können keine Handys herstellen, und sie wissen das.«

Aah-ja.

Der Publizist Henryk M. Broder warf den muslimischen Demonstrierenden ebenfalls vor, sich in den Protesten »wie unerzogene Kinder« zu benehmen.[20] Ähnliches dachte seinerzeit wohl auch der deutsche Missionar Matthäus Rascher auf der Südseeinsel ›Neupommern‹ im ›Bismarckarchipel‹, wie sich auch dem oben zitierten Dokumentarfilm weiter entnehmen lässt. Praktiken wie jene, seinen Diener anzuketten, wenn dieser sich sexuell unenthaltsam gezeigt hatte, stießen bei der einheimischen Bevölkerung nicht nur anfänglich auf Unverständnis: Sie ließen Pater Rascher und seine Ordensschwestern am 13. August 1904 als Opfer eines Massakers enden. Historiker Horst Gründer über Pater Rascher: »Er hat gar nicht verstanden, dass jetzt – ich sag es mal so brutal – Leute, die für europäische Verhältnisse in einer Steinzeitkultur lebten, nun innerhalb von wenigen Jahren, kann man sagen, sehr wenigen Jahren, nun in die Moderne gestoßen werden sollten«.

Ist ja auch nicht leicht, Menschen aus der Steinzeit in die Moderne zu stoßen, da macht man schon mal Fehler!

»Die Entdeckungen, welche unsere europäischen Seefahrer in fernen Meeren und auf entlegenen Küsten gemacht haben«, formulierte Friedrich Schiller 1789 in seiner Jenaer Antrittsrede als Professor für Geschichte, »geben uns ein ebenso lehrreiches als unterhaltendes Schauspiel. Sie zeigen uns Völkerschaften, die auf den mannigfaltigsten Stufen der Bildung um uns herum gelagert sind, wie Kinder verschiedenen Alters um einen Erwachsenen herumstehen ... Wie beschämend und traurig aber ist das Bild, das uns diese Völker von unserer Kindheit geben!«

Wie beschämend und traurig das Bild war, welches die Deutschen in ihren Kolonien abgaben, darauf kommen wir noch zu sprechen. Zunächst noch etwas Vorlauf: erst zu der hier im Bild der Kindheit wiedergegebenen, bis Ende des 18. Jahrhunderts vorherrschenden Vorstellung einer *great chain of being* (›Große Seinskette‹). Und dann dazu, wie es erst vor rund zweihundertfünfzig Jahren zu der Idee kam, es gäbe so etwas wie ›Rassen‹ – und was das mit dem angeblich universalistischen, also: alle Menschen einbeziehenden, Ruf nach ›Freiheit, Gleichheit und Brüderlichkeit‹ als Grundlage unserer Gesellschaft zu tun hat.

## Die ›Great Chain of Being‹ [21]

In dem seit der Antike als *scala naturae* vorherrschenden Verständnis einer ›Great Chain of Being‹ waren ›Völker‹ verschiedenen Stadien und damit verschiedenen Graden von Barbarentum einerseits und Kultiviertheit andererseits zuordenbar – im Sinn einer einzigen, hierarchisch gedachten Linie, und zwar vom niedrigsten (pflanzlichen) Lebewesen bis hin zu Gott. Demnach gab es nur einen Weg zur sozialen Entwicklung (den der westlichen Zivilisation) und alle Gesellschaften konnten auf derselben Skala als früh oder spät, tiefer- oder höherstehend eingeordnet werden – wobei die eigenen, europäischen Gesellschaften an der Spitze dieser Hierarchie standen. Direkt unter den Engeln.

Und auf der anderen Seite? Das Verständnis des Universums als einer ungebrochenen Great Chain of Being bedeutete, dass nicht nur zwischen den Menschen, sondern auch zwischen den Menschen und den Tieren keine Lücke bestehen konnte. Wissenschaftler der ersten Hälfte des 18. Jahrhunderts waren sehr bemüht, dieses ›Missing Link‹ zu finden. Noch der französische Zoologe und Botaniker Georges Louis Leclerc de Buffon (1707–1788) mochte sich in seiner äußerst einflussreichen, 44 Bände umfassenden »Histoire naturelle« (ab 1749) zwar nicht auf eine feste Abfolge in der Great Chain festlegen, da bestimmte Zwischenglieder ausgestorben sein könnten, meinte jedoch, dass die Pygmäen schon kaum mehr zu den Menschen zählten. Das daran anschließende fehlende Bindeglied vermutete Buffon, wie andere vor ihm, im Orang-Utan: »Nimmt man allein die äußere Gestalt, dann könnte man dieses Tier als Ersten unter den Affen oder als Letzten unter den Menschen betrachten«. An anderer Stelle wird er noch etwas deutlicher, wenn er Afrikaner als »fast genauso wild und gleich hässlich wie diese Affen« bezeichnet. So verwundert es nicht, dass er davon ausging, dass der männliche Orang-Utan »genauso feurig auf Frauen« stand, und zwar auf afrikanische Frauen ebenso wie auf die auf der nächsthöheren Stufe stehenden.

Doch an eine Unterscheidung in Rassen durch Hautfarben dachte anfangs noch niemand.

## Die Erfindung der Rassen I: Menschen bekommen Farbe

Christoph Kolumbus notierte 1492 bei seiner ersten Landung auf der Insel, welche er San Salvador nannte, über die Menschen, die er dort traf: »die Farbe ihrer Haut ist wie die der Bewohner der Kanarischen Inseln oder wie von sonnengebräunten Bauern«. Amerigo Vespucci erklärte 1502, die Menschen Südamerikas seien wohlgeformt und »die Farbe ist weiß«. Entsprechend hielt auch Peter Matyr, Chronist des spanischen Hofs, 1516 fest, die Farbe der Indianer sei weiß, und ihre Haare lang, glatt und gelb. Giovanni da Verrazzano schrieb 1524, er habe die Indianer Nordamerikas mal als schwarz, mal als bronzen, mal als goldgelb und dann wiederum als zu weiß neigend empfunden. Noch zweihundert Jahre später, 1721, bezeichnete der botanische Systematiker Richard Bradley einige Indigene Amerikas als *»white men«;* das einzige Unterscheidungsmerkmal zu Europäern bestehe im fehlenden Bartwuchs. Auch die Chinesen waren am Anfang nicht gelb, sondern »weiß«, den »Deutschen ähnelnd« (Transsylvanus 1522), »sehr weiß« (Samuel Purchas 1625) oder gar »weiß mit einem Stich ins Dunkelgrüne« (Juan González de Mendoza 1585). Hautfarbe als Unterscheidungsmerkmal wurde erst eingeführt.

Der erste Versuch einer systematischen Einteilung in ›Rassen‹ erfolgte 1684 durch Francois Bernier in seinem Aufsatz »Nouvelle division de la terre«. Er unterteilte die Menschen darin nach körperlichen Merkmalen, wobei er verschiedene Möglichkeiten wie Haar, Nasen, Lippen oder Statur erwog, sich dann aber vorwiegend für die Hautfarbe entschied. Als Kategorien ergaben sich für ihn die Europäer, Afrikaner, Orientalen und die Lappländer, welche für ihn »elende Tiere« darstellten. Bei den Indianern und ›Hottentotten‹ war er sich unsicher, ob sie eigene Kategorien bildeten.

Der schwedische Naturkundler Carl von Linné (1707–1778), auch als Linnaeus bekannt und als ›Vater der Botanik‹ angesehen wegen seiner Systematisierung von Pflanzen und Tieren, legte dann den Grundstein für die spätere Farbwahl in Kinderbüchern.

Er baute seine Klassifizierung zu einer tafelartigen Übersicht aus, deren Systematisierung grundlegend für die Einteilung der Menschheit in ›Rassen‹ wurde. In seiner »Systema naturae« beschrieb der schwedische Naturforscher 1735 den Europäer als *albescens* (›weißwerdend‹), den Amerikaner als *rubescens* (›rotwerdend‹) und den Asiaten nicht als ›gelbwerdend‹, auch nicht als ›weiß‹, sondern als *fuscus* (›dunkelbräunlich bis schwärzlich‹). Gut dreißig Jahre später, 1767, wählte von Linné in der 13. Ausgabe seines Werks die Hautfarbe als entscheidendes Kriterium. Er unterschied nun *homo europaeus albus* (›weißer Europäer‹), *homo americanus rufus* (›roter Amerikaner‹), *homo asiaticus luridus* (›blassgelber Asiate‹) und *homo africanus.*

Carl von Linnés Ansatz fand einen glühenden Bewunderer in Johann Friedrich Blumenbach (1752–1840), oft als Begründer der modernen Anthropologie bezeichnet. Die grobe Einteilung Linnés verfeinernd, unterschied er in seinem Werk »De Generis Humani Varietate Nativa – Über die natürlichen Verschiedenheiten im Menschengeschlechte« von 1775 vier Menschenarten, in der Ausgabe von 1781 fünf, und 1795 führte Blumenbach den langlebigen Begriff ›Kaukasier‹ für europäische Weiße ein, welcher als Urtyp im Zentrum stand. Die Hautfarben sind bei ihm von klarer Eindeutigkeit. Durch den Erfolg dieses Buches kam das damals noch ungewohnte Wort ›Rasse‹ schnell in Gebrauch. Dass Blumenbach selbst eingestand, dass es ihm nicht gelungen war, bestimmte Körpereigenschaften ausschließlich einer einzigen ›Rasse‹ zuzuordnen, und er selbst davon ausging, dass die eine unmerklich in die andere übergehe, geriet bald in den Hintergrund.

Es war nicht zuletzt Immanuel Kant, der, von Königsberg aus – auf Reisen verzichtete er –, die Unveränderlichkeit von ›Rassen‹ betonte und im Alltagsverstand verankerte. In »Von den verschiedenen Rassen der Menschen« (1775) überlagert sich der Gedanke des historischen Ablaufs der Zivilisation in der Great Chain of Being mit den angeblichen Fähigkeiten der ›Rassen‹: »Die Menschheit ist in ihrer größten Vollkommenheit in der Race der Weißen. Die gelben Indianer haben schon ein geringeres Talent. Die Neger sind weit tiefer, und am tiefsten steht ein Theil der amerikanischen Völkerschaften.« Letztere seien »nicht verliebt ... sprechen fast gar nichts, liebkosen einander nicht, ... sind faul«. So unterscheidet Kant zwar in vier Rassen, doch die Grundrassen davon seien Weiße und Schwarze, und zwar aufgrund ihrer klaren Unterschiedlichkeit hinsichtlich ihrer Persönlichkeit und Charakters. Und während jemandes schwarze Hautfarbe für Kant als »deutlicher Beweis, dass das, was er sagte, dumm war« gilt, hält er Weiße für die einzigen, »welche immer in Vollkommenheit fortschreiten«.

Inspiriert von Linné folgte ein ganzes Heer von Forschungsreisenden, Botanikern und Geographen der Berufung, die Welt einer globalen Wissenschaft und Wahrheit unterzuordnen. Dieser »Systemwahn« wurde von einem zeitgenössischen Botaniker als regelrechte »Epidemie« beschrieben. Das 18. Jahrhundert wurde das große Zeitalter der Klassifikation, denn hier trafen sich die Projekte der Aufklärung und des Kolonialismus. Die Vorstellung geht über – wie auch bei Kant deutlich – von einer aufwärtsstrebenden Entwicklung aller Menschen hin zu unveränderlicher rassischer Differenz. Denn waren nichteuropäisch-stämmige Menschen durch die Typisierung als rückständig beziehungsweise kindlich als hilfsbedürftig erschienen, so ergab sich nun ein immer offensichtlicherer Widerspruch zwischen der Proklamierung der Menschenrechte auf der einen Seite und dem Kolonialsystem und der Sklaverei auf der anderen Seite.

## Die Erfindung der Rassen II: Menschen werden ›schwarz‹ oder ›weiß‹

Zwar war im Gebiet der heutigen USA schon 1526 eine spanische Siedlung mit hundert Sklaven gegründet worden, doch kamen nach Neuengland die ersten Afrikaner erst im Jahr 1619, als in Point Comfort, Virginia, ein holländisches Schiff landete, welches als Gegenwert für Lebensmittel dem Gouverneur zwanzig Sklaven überließ. Diesen wurden allerdings die gleichen Rechte zugesprochen wie den weißen Arbeitern. Denn abgesehen von der puritanischen Einwanderungswelle um 1640 kam die Mehrheit der europäischen Bevölkerung noch bis zum Ende des 18. Jahrhunderts als unfreie Arbeitskräfte, entweder als verurteilte Sträflinge oder als Auswandernde, die ihre Schiffspassage in die Neue Welt anders nicht bezahlen konnten und darum in Schuldknechtschaft standen. Hatten die *indentured servants* schon vor ihrer Abreise einen Vertrag schließen können, so waren die *redemptioners* auf die Angebote bei ihrer Ankunft angewiesen. In der Regel lag die Dienstzeit zwischen vier und sieben Jahren. War ein Afrikaner befreit, so konnte auch er Sklaven und Sklavinnen besitzen.

Um 1660 stieg der Bedarf an Arbeitskräften auf den Tabakplantagen Virginias, während gleichzeitig die Auswanderungsbereitschaft der Armen aus England wegen der dort verbesserten Lebensbedingungen abnahm. 1661 wurde die lebenslange Sklaverei legalisiert. 1662 bestimmte ein Gesetz, dass der Status gemeinsamer Kinder von afrikanischen und europäischen Eltern vom Status der Mutter abhängen sollte – in der Regel hieß dies, versklavt zu werden; damit wurde das geheiligte Prinzip des englischen *common law* auf den Kopf gestellt, wonach der Vater maßgeblich für den Status war. Ab 1669 ging ein

Sklavenbesitzer, der einen Sklaven bei der körperlichen Züchtigung tötete, straffrei aus. Weißsein wurde immer eindeutiger mit frei sein gleichgesetzt, Nicht-Weißsein immer eindeutiger mit versklavt sein. Unterstützt wurde dieser Prozess der Entstehung eines Rassismus gegen ›Schwarze‹ durch die Tatsache, dass diese bei der Flucht durch ihre Hautfarbe schneller zu identifizieren waren, während ›Weiße‹ leichter unentdeckt blieben. 1670 wurde es freien Afrikanern sowie Indigenen untersagt, Weiße zu kaufen. Die Hautfarbe bestimmte zunehmend die gesellschaftliche Position.

Doch während dann im 18. Jahrhundert der Wunsch nach Unabhängigkeit von Großbritannien wuchs, zeichnete sich die Sklaverei immer deutlicher ab als offenkundiger Verstoß gegen den in der Amerikanischen Revolution erhobenen Ruf nach Freiheit.

Dabei waren das anfangs nicht immer getrennte Kämpfe. Der erste Tote der Revolution war Crispus Attucks, ein ehemaliger Sklave mit indigenen und afrikanischen Vorfahren. Die Kugel, die ihn tötete, traf durchaus jemanden, der sich für die Unabhängigkeit der Kolonie engagierte: Kurz vor seinem Tod am 5. März 1770 bei einem spontanen Aufstand einiger Seeleute und Arbeiter hatte er einen Brief an den Kolonialgouverneur geschrieben, in welchem er ihm Verbrechen gegen die Bevölkerung vorwarf; »Sie werden noch von uns hören«, hatte sein Schreiben geendet. In dem diesem – als »Boston Massacre« zum Symbol amerikanischer Entschlossenheit stilisierten – Ereignis folgenden Gerichtsverfahren gegen die Soldaten und Offiziere kritisierte der Verteidiger und spätere zweite Präsident John Adams Crispus Attucks dafür, dass er der Held der Nacht habe werden wollen. Darüber verwundert, dass sich die wütende Menge aus Schwarzen und Weißen zusammengesetzt hatte oder dass ihr Anführer kein Weißer war, zeigte er sich nicht. Auch wurden keinerlei Unterschiede bei den Beisetzungsfeierlichkeiten für die insgesamt vier getöteten Revolutionäre gemacht; alle wurden wie Patrioten beerdigt.

Doch als in der Verfassung festgelegt wurde, wie die US-amerikanischen Bürgerrechte auszulegen seien, war das Ergebnis, nur weiße Männer sollten Bürger mit vollen Rechten sein. Das Wort ›Sklaverei‹ wurde allerdings sorgfältig vermieden. Der Zusatzartikel, welcher regelte, dass Sklaven bei der Repräsentation ihrer Besitzer im Kongress zu drei Fünftel mitzuzählen seien, liest sich nach dem Urteil von Historikern »wie eine Stilübung in George Orwells euphemistischer Kunstsprache doublespeak«.[22]

Der Ausweg aus dem Dilemma – das Ideal von gleichen und damit freien Individuen einerseits und die Rechtfertigung der Sklaverei andererseits – bestand darin zu argumentieren, dass Schwarze den Weißen nicht gleich seien, und damit in dem Verweis auf eine biologische Verschiedenheit. Mit anderen Worten: Schwarze hätten nicht die geistigen Fähigkeiten, freie und gleiche Staatsbürger zu werden. Differenz wurde zum notwendigen Schlüssel für die Rechtfertigung der Sklaverei.

Die Debatte über die ›Natur des Negers‹ war nach 1775 durch das schnell ansteigende Interesse in Amerika und Europa an anatomischen Untersuchungen menschlicher Unterschiede gekennzeichnet. Diese legitimierten und sicherten auf diese Weise den Fortbestand der rassistisch begründeten Sklaverei in dem ›Land der Freiheit‹. Die Hautfarbe wurde mit sozialer Bedeutung aufgeladen: »Wir und unsere Sklaven sind nicht verschieden«, so damals ein Sklavenhalter, »sondern gegensätzlich; unsere Erkennungszeichen sind schwarz und weiß.«

Die Sklaverei zementierte die Verschiedenheit der Anderen. Dies war nicht nur den Interessen der Sklavenhalter geschuldet, sondern erfolgte in einem Zirkelschluss: Die weißen Soldaten hielten die koloniale Unterdrückung aufrecht, während die weißen Forscher die hergestellte Unterlegenheit ›objektiv‹ als scheinbar natürliches Phänomen der Biologie untersuchten. Der Forscher, der seinen Objekten beständig in der unterworfenen Rolle der kolonialen Arbeitskraft begegnete, sah zwangsläufig wenig mehr als deren ›Minderwertigkeit‹.[23]

## Freiheit, Gleichheit, Ausschluss

Im revolutionären Frankreich nach 1789 kam es zu kurzzeitigen Emanzipationserfolgen von People of Color, denn der Ruf nach »Freiheit, Gleichheit, Brüderlichkeit« blieb in den französischen Kolonien nicht ungehört. Doch bedurfte es dafür des Sklavenaufstands, der – auf Saint Domingue (heute Haiti) im Jahr 1791 beginnend – trotz eines aus Frankreich entsandten Heers von 18 000 Soldaten nach jahrelangen blutigen Kämpfen zwischen diesen, den ehemaligen Sklaven, den Weißen und schließlich den Sklavenhaltern of Color letztlich am 4. Februar 1794 zur vollen Gleichheit für alle führte: Insgesamt wurden nun fast eine Million Sklaven Staatsbürger von Frankreich. Im selben Jahr wurden drei Delegierte aus Saint Domingue (ein Schwarzer, ein ›Mulatte‹ und ein Weißer) in den Pariser Nationalkonvent berufen.

Doch gab es auch jene Weißen, die aus Überzeugung für die Emanzipation der Sklaven eintraten. Marquis de Condorcet verkündete, man könne nicht die Fronherrschaft in der französischen Provinz verwerflich finden und sie gleichzeitig im Senegal oder auf den Antillen verteidigen. Gabriel Riqueti, der Graf von Mirabeau und ebenfalls zeitweiliger Präsident der französischen Nationalversammlung, erklärte, niemand könne behaupten, dass »Weiße frei geboren sind und auch frei bleiben,

während Schwarze aber als Sklaven geboren sind und Sklaven bleiben«.

Doch Napoléon Bonaparte schickte erneut Heere, um 1802 die Sklaverei in den französischen Kolonien wieder einzuführen. Und zwar ab jetzt nach der Regel: Wer nicht völlig weiß sei, wäre schwarz und damit versklavt.

Die einzige unbesiegte Ausnahme blieb Saint Domingue: Als François-Dominique Toussaint L'Ouverture, der Anführer der Unabhängigkeitsbewegung, einem Verrat des französischen Generals zum Opfer fiel, wurde dies zum Signal. Jean-Jacques Dessalines übernahm die Führung, indem er das Weiß von der französischen Fahne riss – bis heute ist dies die Flagge von Haiti. Am 1. Januar 1804 konnte die erste Schwarze Republik offiziell ausgerufen werden. Doch für viele People of Color in den anderen Kolonien Frankreichs begann die Sklaverei nun erst recht.

So implizierte der Ruf nach ›Freiheit, Gleichheit, Brüderlichkeit‹ zugleich einen Prozess komplexer Ausschlüsse, und der Übergang von der Great Chain of Being zu ›schwarz‹ und ›weiß‹ erfolgte nicht als Ergebnis naturwissenschaftlicher Forschung, sondern aus dem Bedürfnis heraus, gegebene Herrschaftsverhältnisse zu legitimieren. Um soziale Unterschiede plausibel zu machen, bekam die Haut Farbe. Insbesondere die Gegensätzlichkeit von ›weiß‹ und ›schwarz‹ erwies sich als extrem nützlich in einer Sklavengesellschaft, wo die Herrschaft als ›weiß‹ galt und die Sklaven als ›schwarz‹ – unabhängig von den Variationen der tatsächlichen Hautfarbe. ›Weiß‹ und ›schwarz‹ wurden zu eingänglichen Bedeutungsträgern für ›frei‹ und ›unfrei‹, ›oben‹ und ›unten‹, ›gut‹ und ›böse‹.

Dies galt nicht nur für die Zeit der Sklaverei. Seit deren Beendigung in den Nordstaaten hatten weiße US-Amerikaner freie

Schwarze juristisch immer weiter eingeschränkt und damit aus der politischen Gemeinschaft heraus gedrängt – nicht zuletzt wurden sie in den einzelnen Staaten nicht etwa immer seltener, sondern immer öfter vom Recht zur Wahl ausgeschlossen. Im US-amerikanischen Süden wurde nur wenige Jahre nach der Abschaffung der Sklaverei aufgrund des verlorenen Bürgerkriegs ein Apartheidsystem errichtet, das in seiner Grausamkeit, beispielsweise ausgedrückt in der Lynchpolitik, der Sklaverei kaum nachstand. Die sogenannten Jim-Crow-Gesetze gingen so weit, dass Parks, Brunnen, Krankenhäuser, Restaurants, Kinos und Telefonzellen segregiert waren; sogar in den Gerichtssälen gab es verschiedene Bibeln für die Vereidigung. Auch diesmal galt: »Die ideologische Rechtfertigung für eine derartig weitgehende Trennung der ›Rassen‹ holten sich die Anhänger der Segregation bei Biologen.« [24]



Je stärker dies auf den Gegensatz zwischen ›schwarz‹ und ›weiß‹ hinauslief und ›die Schwarzen‹ zu ›dem Anderen‹ werden ließ, umso leichter wurde die Verwendung gegen eine solidarische Haltung der unteren Klassen in Europa. Tatsächlich wurde Weißsein im 19. Jahrhundert zur Einladungskarte, um sich in Europa den herrschenden Kolonial(national)staaten und in den USA der freien Arbeiterklasse zugehörig fühlen zu dürfen. Rassismus und Kolonialismus bildeten eine wesentliche Grundlage des Wohlfahrtsstaats: Denn insofern sich im 20. Jahrhundert die Lage der Arbeiterklasse vom (nach Marx) ›ehernen Lohngesetz‹ eines Lebens an der Armutsgrenze entfernte, und viele sich ein Leben ähnlich der Mittelklasse leisten konnten, so basierte dies auch wesentlich auf den Vorteilen aus den Kolonien.

Gleichzeitig waren die ›Wilden‹ – der ›faule Schwarze‹ und der ›untüchtige Indianer‹ – dem armen Arbeiter eine stete Mahnung, dass er selbst fleißig arbeite. Carl von Linné fügte in der

13. Auflage seiner »Systema Naturae« den körperlichen Kriterien auch geistig-kulturelle Eigenschaften hinzu: »der durch Gesetz regierte Europäer, der melancholische ... Asier, der boshafte ... Afrikaner«. Für ihn waren die weißen Europäer die überlegene ›Rasse‹, da sie die Werte des Bürgertums verkörperten. Er bezeichnete sie als erfinderisch, scharfsinnig und gesittet sowie fähig, innerhalb eines Systems von Gesetzen zu leben. ›Neger‹ dagegen waren mit all jenen negativen Eigenschaften versehen, welche sie zu einem brauchbaren Gegenbild für die überlegene ›Rasse‹ werden ließen: Sie seien faul, unredlich und nicht in der Lage, sich selbst zu regieren. Damit standen sie im Gegensatz zum Bild des pflichtbewussten, sauberen und fleißigen Europäers. Der Einschluss der Unterprivilegierten funktionierte über den Ausschluss anderer: in den USA durch die Gesetze zur Diskriminierung Nicht-Weißer, in Europa mit Hilfe des Kolonialismus.

## Deutschlands Plätze an der Sonne

»Wir verlangen auch unseren Platz an der Sonne!«, nörgelte der spätere Reichskanzler Bernhard von Bülow im Jahr 1897, hatte das erst 1871 aus Einzelstaaten zusammengeflickte Deutschland seiner Meinung nach doch noch nicht genug vom kolonialen Kuchen abbekommen. Dabei hatte die junge Nation im November 1884 zu einer dreimonatigen Konferenz nach Berlin geladen, um sich besser zu positionieren beim Anfang des Jahrzehnts begonnenen ›Wettlauf um Afrika‹ – oder, besser gesagt, um die Reste des afrikanischen Kuchens, also das, was nicht schon längst unter den Kolonialmächten aufgeteilt gewesen war.

Frankreich nahm sich 1881 Tunesien und den Kongo sowie 1884 Guinea. Großbritannien schnappte sich 1882 Ägypten und damit auch den Sudan sowie weite Teile Somalias. Italien eignete sich 1882 ein weiteres Stück von Eritrea an, und Belgien gründete noch rasch eine »Internationale Afrikanische Gesellschaft«, natürlich zum Zweck der Erforschung und ›Zivilisierung‹ Afrikas.

Dieser Sachlage entsprechend, fanden vor allem Belgien und Deutschland, es sei Zeit zu reden. Unter den Kolonialmächten, versteht sich. Denn auch nur unter diesen fand ja ein Wettlauf statt, der übrigens durchaus wörtlich zu nehmen war: Wer zuerst kam, dem gehörte ein Gebiet – so einfach ging das! Ja, und seit diesem Frühjahr wehten nun auch einige deutsche Fahnen im Westen des ›Schwarzen Kontinents‹. Im Fall Kameruns hatte der Vorsprung gerade mal fünf Tage vor Großbritannien betragen. Im Fall des heutigen Namibias war dagegen einfach ein bereits privat getätigter Landkauf – größer als das Deutsche Reich – des Bremer Tabakhändlers Adolf Lüderitz unter Reichsschutz gestellt worden (ab 1885 unter Reichskommissar Heinrich Göring, dem Vater von Hermann Göring). Dieses Gebiet war nicht zuletzt deshalb so gewaltig ausgefallen, weil Lüderitz in seinen Verträgen die Meile als Maßeinheit verwandte – und sich später darauf berief, selbstverständlich habe er nicht die englische Meile von 1,6 Kilometer Länge, sondern die deutsche von über 7,4 Kilometer gemeint. – Noch nie von der deutschen Meile gehört? Hatten die Nama auch nicht.

In Berlin gaben sich alle Teilnehmer der Konferenz nach drei Monaten mit den Ergebnissen zufrieden: Der Kuchen war verteilt. Insbesondere der belgische König Leopold II. fuhr fröhlich nach Hause, durfte er doch nun mit seinem Privatunternehmen »Kongogesellschaft« das Zentrum Afrikas, fortan: Belgisch-Kongo, wirtschaftlich ausbeuten, dabei selbstverständlich aufs Tiefste dem Entwicklungsziel der ›Zivilisation‹ verpflichtet.

Im Dezember 1884, während die Berliner Konferenz noch andauerte, begann der achtundzwanzigjährige Carl Peters in Ostafrika, im heutigen Tansania, lokale Führungspersönlichkeiten mit alkoholischen Getränken zu besuchen mit der Absicht, sie dabei zu einem Kreuz unter deutschsprachige Verträge zu bewegen, welche der »Deutsch-Ostafrikanischen Gesellschaft« unbeschränkte Zoll-, Steuer-, Verwaltungs- und Justizrechte gewährten – jawohl, auch im Fall von Großbritannien und Co waren es häufig gar nicht die Kolonialmächte als Staaten, die in den Kolonien die Exekutive und die Judikative ausübten, sondern privatwirtschaftliche Unternehmen.

Auf die Idee, dass diese Menschen vielleicht gar keine absolutistischen Monarchen im europäischen oder ›Häuptlinge‹ im Karl May'schen Sinne waren, ja, dass bei ihnen vielleicht nicht einmal ein Eigentumsverständnis an Grund und Boden existierte, kam niemand. Als besonders praktisch erwies sich für Peters die damit an ihn delegierte Gerichtsbarkeit, nicht zuletzt, als er ein Auge auf die Freundin seines Dieners warf. Da war ihm dieser doch sehr im Weg, und so fand sich schnell ein Grund, ihn exekutieren zu lassen – und als die Trauernde sich Peters verweigerte, diese ebenfalls.

Ab 1888 lief es nicht mehr ganz so glatt: Es kam zum Aufstand der ostafrikanischen Küstenbevölkerung. Die Deutsch-Ostafrikanische Gesellschaft konnte sich nicht mehr ohne militärische Unterstützung des Reichs halten. Diese wurde gewährt. Tausende Afrikaner und Afrikanerinnen wurden getötet. Der Öffentlichkeit gegenüber wurde das Eingreifen des Reichs als Maßnahme gegen den arabischen Sklavenhandel dargestellt – sozusagen ein früher Schlag gegen die ›Achse des Bösen‹.

In dem aus dem ›Lüderitzland‹ hervorgegangenen Deutsch-Südwestafrika fielen Ende des 19. Jahrhunderts drei Viertel vom Viehbestand des Hirtenvolkes der Herero sowohl einer Heuschreckenplage als auch einer Rinderpest zum Opfer. Während die Deutschen einen Großteil ihres Viehs durch Impfung retten konnten, standen die Herero nahezu mittellos dar. Bereits an einige Konsumgüter – nicht zuletzt Alkohol – im Tausch gegen Rind gewöhnt, fehlte ihnen zudem hierfür nun die Währung. Wenn sich durch wiederholtes Anschreiben eine größere Schuld gebildet hatte, schlugen die Händler einen Landverkauf vor. So ging immer mehr Land in den Besitz der Deutschen über, und immer mehr Herero mussten sich als Lohnarbeiter auf den deutschen Farmen verdingen, auf denen die Prügelstrafe herrschte. Gleichzeitig zog es immer mehr Siedlerfamilien in die noch von Herero bewohnten Gebiete. Zäune durchschnitten nun das Land, über welches die Herero früher frei ihre Rinder treiben konnten. Irgendwann war das Ausmaß der Landübernahme so groß, dass die deutsche Verwaltung die Einrichtung von Reservaten für die Herero beschloss. Diese lagen jenseits der Wirtschaftszentren und, wie üblich, in den Gebieten mit schlechter Bodenqualität. Im Januar 1904 kam es zur Rebellion. Die Wut der Herero richtete sich zunächst gegen Siedler und Händler. 118 weiße Männer und 5 weiße Frauen wurden in den ersten Tagen erschlagen, bis die im Süden des Landes stationierte deutsche Schutztruppe angeritten kam. Doch auch diese musste zunächst empfindliche Niederlagen einstecken. Um eine Blöße für den jungen Kolonialstaat zu vermeiden, wurde in Berlin unter dem Motto »Deutsches Land verteidigen!« beschlossen, mit Härte durchzugreifen. Der Kaiser schickte einen Mann seines Vertrauens mit dem Ruf eines knallharten Militärs: Generalleutnant Lothar von Trotha, schon bei Aufständen in Ostafrika und China im Einsatz. Dieser erklärte seine Strategie: Er werde die Aufständischen in Strömen von Blut vernichten.

Der größte Teil der Herero zog sich im Nordosten des Landes am Waterberg zusammen, wo sie sich auf ihre Verteidigung einrichteten: bis zu 40 000 Menschen – Männer, Frauen, Kinder – und ihr gesamtes Vieh. Auch von Trotha bündelte dort seine Truppen: insgesamt sechs Abteilungen mit 4000 Mann. Am 11. August 1904 kam es zur entscheidenden Schlacht. Nach verlustreichen Gefechten für beide Seiten wichen die Herero zurück, gerieten so jedoch in eine Falle: Nur zur wasserlosen Omaheke-Wüste hin war der Durchgang offengeblieben. Die Deutschen trieben die Flüchtenden immer weiter ins Sandfeld. Wochenlang ging dies so, dann kam es zu einer Proklamation von Trothas, die einem Vernichtungsbefehl gleichkam.

Im Anschluss an einen Feldgottesdienst verlas er: »Die Herero sind nicht mehr deutsche Untertanen. Innerhalb der Deutschen Grenze wird jeder Herero mit oder ohne Gewehr ... erschossen, ich nehme keine Weiber und Kinder mehr auf, treibe sie zum Volk zurück oder lasse auf sie schießen«. In sein Tagebuch notierte von Trotha an jenem Tag, dem 1. Oktober 1904: »Vormittags versucht, einige Vögel zu schießen. Nachmittags Proklamation an die Herero fabriziert. [...] Sonst nichts Besonderes.« Tatsächlich wies von Trotha seine Soldaten an, bei Frauen und Kindern über die Köpfe zu zielen: Sie sollten nicht durch Kugeln sterben, sondern verdursten. Auf der Suche nach Wasser gruben die Herero mit letzten Kräften hunderte von Kratern mit bloßen Händen bis zu zwanzig Meter tief. In der Regel vergeblich. Von den 80 000 Herero – von denen nicht alle in dieser Situation dabei waren – überlebten gerade mal 15 000. Das Volk der Herero war weitgehend ausgelöscht. Heute gilt dies als Völkermord.

Einen Tag nach dem Vernichtungsbefehl von Trothas beginnen weiter im Süden des Landes auch die Nama eine Rebellion.

Von ihnen stirbt in diesem erst 1907 für beendet erklärten Krieg fast die Hälfte.



Nicht alles, was in den Kolonien geschah, wurde in Berlin gutgeheißen. Reichskanzler von Bülow fand die Ausrottungspolitik Trothas »unchristlich«. Doch starben in den für die gefangenen Herero und Nama eingerichteten Internierungslagern (um 1900 kam im Kolonialjargon der Begriff ›Konzentrationslager‹ auf) auch noch danach 7000 Herero an Krankheit und Entkräftung. Auf der hierfür genutzten Haifischinsel in der Lüderitzbucht vegetierten die Gefangenen – überwiegend Nama – ohne Behausung auf dem nackten Fels. Allein zwischen September 1906 und April 1907 starben von 1795 Häftlingen 1032.

In Berlin stritten sich die Abgeordneten indessen vor allem über die Kosten. Nur die Kolonie Togo hatte sich bislang als profitabel erwiesen. Es kam zu Neuwahlen – den sogenannten Hottentottenwahlen. Der Wahlausgang ergab einen Reformkurs: Die Ausrottungspolitik galt als gescheitert. Nicht zuletzt weil, so befand auch von Bülow, diese wirtschaftlich sinnlos sei.

Logo, schließlich wurden Arbeitskräfte gebraucht!

Wer überlebte, wurde zu Zwangsarbeit beim Eisenbahnbau eingesetzt. Zumal nun das in den Sieg investierte Geld so schnell wie möglich wieder hereinzuholen war. Erst die Bahn ermöglichte eine rentable Entwicklung der Kolonie – und ihre Beherrschung. Auspeitschungen waren an der Tagesordnung; mit Vorliebe quer über das Gesicht. Dass 1908 anlässlich des Geburtstags von Kaiser Wilhelm II. die Kriegsgefangenen für frei erklärt wurden, erlebten nicht mehr viele.

In heutigen Dokumentationen wird der Bau der Eisenbahn als »zweischneidig« bezeichnet – denn schließlich profitierten die ehemaligen Kolonien noch heute davon.[25]

Yupp, genauso wie Deutschland von Hitlers Autobahnen!

## Das ›leere Land‹

In Anlehnung an das angeblich leere Land in den Kolonien bezeichnen Kien Nghi Ha, Nicola Lauré al-Samarai und Sheila Mysorekar die großflächige Erinnerungslücke im dominanten Diskurs über den Kolonialismus als »weißen Fleck«[26]. Dazu gehört neben den Gräueltaten insbesondere, dass in den Kolonien die bestehenden Wirtschaftsstrukturen zerstört wurden. Dies ist vielleicht der hartnäckigste Mythos über den Kolonialismus: Es habe vor dem Westen keine nennenswerte Geschichte gegeben. Als hätten die Menschen dort tierähnlich gelebt.

1776 schrieb Adam Smith in seinem Buch »Wohlstand der Nationen«, welches als Fundament der kapitalistischen Gesellschaft gilt, über die Errichtung der »blühenden« Niederlassungen in Amerika, und wie leicht die »elenden und hilflosen Eingeborenen« bei der Landnahme vertrieben werden konnten. In Wirklichkeit wiesen auch viele dieser Ethnien sehr differenzierte und hochentwickelte Sozialstrukturen auf, seien es die Hochkulturen der Mayas und der Azteken in Mexiko oder der Inkas in Peru. Im Ingenieurwesen waren sie zu außergewöhnlichen Leistungen fähig: Ihre Tempel überragten alles, was es in Europa gab, und die Königstraße der Inkas verband mehr als die größte Entfernung des Römischen Imperiums von York bis Jerusalem.

Smith sah die Entwicklung der Menschheit in vier Entwicklungsstadien: vom Jägervolk über die Hirtenvölker und die Agrargesellschaften bis hin zur Gewerbe- und Handelsgesellschaft als der am höchsten entwickelten Form. Dies entsprach der als Great Chain of Being vorherrschenden Idee: dass es nur einen Weg zur Menschwerdung und zur Zivilisation gebe und dass alle Lebewesen und alle Gesellschaften auf derselben Skala als früh oder spät, tiefer oder höher stehend eingeordnet werden könnten. Es war Smith, welcher die Entwicklungsstufen explizit an den Produktionsweisen festmachte.

Ungefähr zur gleichen Zeit entwarfen ›Naturhistoriker‹ mit der »Great Map of Mankind« eine Weltkarte, die diese verschiedenen Epochen beherbergte. Die hierdurch räumlich geordnete Zeit machte – wie die Great Chain of Being – die Europäer zur Krönung der Geschichte. In diesem ›anachronistischen Raum‹ bestand zudem das Paradox, dass die von Indigenen bewohnten Landstriche und Kontinente als ›leer‹ definiert wurden, als existierten Indigene in einer permanent früheren Zeit, als bewohnten sie nicht die Gegenwart. Damit verbunden war der Mythos des jungfräulichen Landes, welches auf die männliche Eroberung wartete – und auf die Befruchtung mit Geschichte und Vernunft. »Indem sich die Wilden nicht eigentumsfähig zeigten«, kommentiert Wulf D. Hund, »legitimierten sie die koloniale Besitzergreifung. Gleichzeitig dienten sie damit als Folie für die Legitimation von Kapitalismus und Ausbeutung.« [27]

Doch nur aus der Perspektive Europas erschienen ganze Imperien als ›große weiße Flecken‹. In der Bucht von Benin bestand zur Zeit der Kolonisierung unter anderem das Königreich von Benin, welches sich im Osten bis zum Niger erstreckte. Gegründet worden war es um 600 n. Chr., seit dem 12. Jahrhundert herrschte eine eingeschränkte Wahlmonarchie. Diese war eingeführt worden durch einen Mann namens Eweka mit dem Beinamen »Der Vielgeliebte«, der ursprünglich aus dem nördlich angrenzenden Königreich Oyo der Yoruba stammte. Auch diese lebten und leben im heutigen Nigeria an der Bucht von Benin. Schon im Mittelalter bildeten sie mehrere Großstädte im heutigen Sinne, in denen 100 000 oder mehr Menschen lebten. Im Laufe des 17. Jahrhunderts entwickelte sich Oyo zu einem

Imperium mit mehreren tributpflichtigen Staaten, im 18. Jahrhundert kam auch das Königreich Dahomey dazu, als dessen Nachfolgestaat sich das heutige Benin versteht – an dieser Eroberung (die wohl erfolgte, weil dieses im Gegensatz zu Oyo den Sklavenhandel verbot), konnten auch die dahomeyschen Frauenregimenter nichts ändern.

Kongo, der bei der Berliner Konferenz Belgien zugesprochene »letzte weiße Fleck«, war ebenfalls ein Königreich. Dieses, gegründet um 1370, erstreckte sich zu der Zeit, als die Portugiesen hier erstmals landeten, über 300 000 Quadratkilometer Zentralafrikas. Der amtierende, durch Wahlmänner ernannte König Nzinga sandte um 1490 Unterhändler nach Portugal und vereinbarte militärische Hilfe, um seine regionale Vormachtstellung zu festigen. Sein Nachfolger Afonso I. entsandte Studenten nach Europa und versuchte, europäische Handwerker und Gelehrte in den Kongo zu holen; auch das Rechtssystem baute er nach europäischem Muster um. Dafür wurde von ihm erwartet, Kupfer, Elfenbein und Sklaven zu liefern. 1526 verwies Afonso I. jedoch aufgrund des von ihm als »schamlos« empfundenen Verhaltens der Missionare sowie dem unterschiedslosen Treiben der Sklavenhändler die Portugiesen des Landes. Missionare und Offiziere kamen dem nach, nicht jedoch die Menschenfänger.

Portugal orientierte sich weiter nach Süden, unter anderem zu den Königreichen Ndongo und Matamba im heutigen Angola. Im Laufe einer durch die koloniale Bedrohung ausgelösten Staatskrise in Ndongo 1624 an die Macht gekommen, organisierte die rund dreißigjährige Herrscherin, ebenfalls Nzinga mit Namen, den Widerstand gegen die Portugiesen. Als sie 1629 fliehen musste, entthronte sie die Königin von Matamba, Mwongo. Ihr immer wieder aufflammender Krieg gegen die Portugiesen, in dessen Schlachten sie ihre Armee oft selbst anführte, endete mit ihrer Unbesiegbarkeit, was 1657 in einen Friedensvertrag mündete. 1663 verstarb Nzinga achtzigjährig als Königin eines unabhängigen Reiches. Unter ihren Nachfolgern und Nachfolgerinnen, insbesondere ab 1681 unter Verónica Guterrez Ngola Kaninik, wurden die Beziehungen überwiegend friedlich; erst ab Mitte des 18. Jahrhunderts wurde Matamba teilweise unterworfen.

Klar, dass die Männerfantasien Europas das nicht recht verkraften konnten, dass hier Frauen so offensichtlich weder den europäischen Klischees von Weiblichkeit entsprachen noch den Vorstellungen von patriarchalst unterdrückten Afrikanerinnen. So sollte Nzinga einen männlichen Harem gehabt, und, besser noch, Männer sollten auf Leben und Tod miteinander darum gekämpft haben, wer eine Nacht mit ihr verbringen durfte – nur, um dann von ihr selbst getötet zu werden. – Logo, bestimmt war es genau so!

Das Gebiet, das zu ›Deutsch-Ostafrika‹ wurde, war vor der Kolonialisierung nicht von Imperien beherrscht – was ja aber nicht unbedingt mit einem weniger gelungenen Lebensentwurf gleichzusetzen ist. Hier lebten unter anderem die Chagga, welche mithilfe eines komplexen Kanalbewässerungssystems sowie über Generationen entwickelte Düngungsmethoden intensive Landwirtschaft mit vielen hundert unterschiedlichen essbaren Pflanzenarten betrieben. Auch Rinder züchteten sie.

Im Laufe der Kolonialisierung dieses Gebiets entlud sich angesichts all der Enteignungen und der Grausamkeiten der Deutschen am 30. Juli 1905 die aufgestaute Wut erneut. Für den Maji-Maji-Aufstand verbündeten sich verschiedene Ethnien. Als weder die dazugezogenen Söldnertruppen noch die überlegene Waffentechnik den militärischen Erfolg brachten, griffen die Deutschen zu einem anderen Mittel: die Politik der verbrannten Erde. Erst das Aushungern der afrikanischen Bevölkerung durch die komplette Zerstörung ihrer Infrastruktur – Häuser und Felder wurden verbrannt, Ernten sowie die Bewässerungssysteme zerstört, Kokosnüsse und andere Früchte von den Bäumen geholt und vernichtet, Bananenstauden gefällt, Hühner, Schweine, Rinder getötet oder mitgenommen – führte zum Sieg. Schätzungen zufolge starben durch Krieg und Hunger über 100 000 Menschen.

Eine derart erfolgreiche Strategie sollte nicht einmalig bleiben: Auch in der Südsee wurde sie in den folgenden Jahren von den Deutschen bei der Aufstandsbekämpfung angewandt.[28] Nachdem in den Kolonien die Lebensgrundlagen der Menschen zerstört worden waren, konnten sich die Kolonialherren, wenn sie ihnen erlaubten, für sie zu arbeiten – mal mit, mal ohne Peitsche – als Gönner fühlen.

Es kehrte Ruhe und Ordnung in den deutschen Kolonien ein. In Südwest wurde jeder Arbeitsfähige durch eine Passmarke erfasst. Auch die noch unzivilisierte Prügelstrafe wurde eingeholt von der deutschen Bürokratisierung: Sie war nun nur noch dienstags und freitags erlaubt.

100 000 Verhungerte klingt nach einer grausamen Kolonialzeit, und es ist auch grausam. Und doch neigen wir dazu zu vergessen: Das schaffen wir heute an jedem einzelnen Tag.[29] Und zwar ohne Peitsche!

# Postkoloniale Zustände



## Die Erfindung ›des Hungernden‹ im 19. Jahrhundert

Es fällt Ihnen schwer, sich 100 000 Tote täglich durch Unterernährung vorzustellen, Zahlen sind so abstrakt? Gut, dann eben so: Während Sie diesen einen Satz lesen, verhungert ein Mensch.

Wie es dazu kam, zeigt Mike Davis in seinem Buch »Die Geburt der Dritten Welt« (im Original: »Late Victorian Holocausts« 2001). Er legt dar, wie durch das liberale Paradigma einer selbstregulierten Ökonomie im letzten Drittel des 19. Jahrhunderts nicht nur fünfzig Millionen Menschen verhungerten – trotz eines ausreichenden Lebensmittelangebots –, sondern auch, wie erst durch die Entfaltung des Markts der Hunger von Menschen zum Normalzustand wurde. Zwar gab es früher auch Hungersnöte; vor allem, wenn eine Ernte aufgrund schlechter Wetterbedingungen ausfiel. Die einen starben daran, andere überlebten. Doch was erst in dieser Zeit erfunden wurde, war, erstens, dass Menschen hungern, obwohl genügend Nahrungsmittel da sind; und, zweitens, nicht für kurze Zeit, sondern als chronische Unterernährung – die Zahl schwankt seit der Krise von 2008 weltweit bei etwa einer Milliarde. Wie viele Kinder sind darunter, wie viele Mütter und Väter, die ihre wimmernden Kinder hungrig zum Einschlafen bringen müssen? Die ihren Kindern beim Sterben zusehen müssen? Die selbst sterben und wissen, dass sie ihre Kinder als Waisen hinterlassen? Denen wir dann als Touristinnen auf der Straße begegnen und ihnen das Almosen verweigern – denn bettelnde Kinder sollten bekanntlich besser zur Schule geschickt werden. »Bildung ändert alles«, so ist derzeit auf großen Plakaten der Kindernothilfe zu lesen.

Damals hungerten die Menschen, weil die Märkte der Kolonialmächte versorgt werden sollten. Heute hungern sie, weil uns die Makellosigkeit unseres Gemüses im Supermarkt und unser Biosprit und die Rendite unserer Finanzanlagen wichtiger sind, und vor allem: Weil wir uns eine Welt, die nicht nach Angebot und Nachfrage funktioniert, gar nicht vorstellen können. Denn ob koloniale oder postkoloniale Kaufkraft: Die Lebensmittel gehen dorthin, wohin das Geld sie lenkt. Bei rund der Hälfte bedeutet das: in unsere Autotanks oder gleich in den Müllcontainer – sei es in unseren eigenen (schmeckte nicht), den beim Supermarkt (nicht mehr frisch genug), den beim Großhändler (das Mindesthaltbarkeitsdatum naht) oder aber sofort, staatlich subventioniert, vernichtet (Preise müssen gehalten werden). Oder aus welchen Gründen auch immer. Ist ja auch egal: Eigentum ist Eigentum!

Davis analysiert auch die Erzeugung unseres heutigen Bildes ›des Hungernden‹. Er illustriert sein Buch mit Fotos dieser Menschen, welche die Geburt der ›Dritten Welt‹ markieren. Jede Herrschaftsform muss die Grenzen zwischen herrschenden und beherrschten Identitäten betonen, so wie die Kolonialreiche zu diesem Zweck das Verbot ›gemischtrassiger‹ Ehen benutzten.

›Der Hungernde‹ ist eine in diesem Sinn konstruierte Identität. Sie ist das Produkt des Ausschlusses, während der Kapitalismus als die ›beste aller Welten‹ gepriesen wird – sozusagen innerhalb einer Solidargemeinschaft von Gewinnenden.



Ein Schritt im Prozess der Konstruktion des Hungernden war »Temples Lohn«, ein Experiment in den britisch-indischen *food-for-work camps* mit dem Ziel herauszufinden, mit wie wenig Nahrung Menschen überleben können – oder auch nicht. Zunächst sei klargestellt: Sir Richard Temple, der die koloniale Regierungsgewalt in Bengalen innehatte, war kein besonders böser Mensch. Während einer früheren Hungerwelle (1873–1874) ließ er eine halbe Million Tonnen Reis importieren und verhinderte damit ein Massensterben. Die offiziellen Statistiken verzeichneten damals lediglich dreiundzwanzig Hungertote. Allerdings geriet Sir Temple für diese »Orientierung am Nahrungsbedarf« unter starken öffentlichen Druck. Seine Karriere war so gut wie ruiniert. Da machte er beim nächsten Mal alles anders.

Entsprechend der liberalen Unterscheidung zwischen absoluter und relativer Armut darf nur denen in absoluter Armut geholfen werden, um Müßiggang jener zu vermeiden, welche sich anders ernähren können. Relative Armut wird als etwas für eine Gesellschaft Wertvolles angesehen, da es zum Arbeiten anreizt. Nahrungsmittel wurden in jener erneuten Hungersnot 1877 deshalb – um es nicht ›zu einfach‹ zu machen, an sie zu gelangen – nur in absichtlich weit entfernt gelegenen sogenannten *relief-camps* gegen harte körperliche Arbeit zur Verfügung gestellt. Offensichtlich wurde hiermit gerade nicht jenen geholfen, die es nicht mehr schafften, diese Strapazen auf sich zu nehmen.

Um ›Faule‹ abzuschrecken, war auch das Essen zu wenig und die Arbeit zu viel. Als Ergebnis von Temples Lohn stieg die monatliche Sterblichkeit derart an, dass sie einer jährlichen Rate von 94 Prozent entsprach, mit erwachsenen Männern, die weniger als dreißig Kilo wogen. Hierdurch transformierten sich die Identitäten in das, was mit dem herrschenden Bild von herumlungernden Müßiggängern korrespondierte. Temple selbst konnte nicht mehr glauben, dass diese Wesen selbständige Freibauern gewesen sein sollten; und so reklamierte er, sie seien parasitäre Bettelmönche, welche – wie Davis dieses Zitat sarkastisch kommentiert – letztlich Selbstmord begingen: »Es werden auch nur wenige das Schicksal derer beklagen, das sie selbst zu verantworten haben und deren Leben in Faulheit oder oftmals als Verbrecher beendet wurde.«[30]

Liberalismus erzeugte damit nicht nur zig Millionen Tote; er erzeugte darüber hinaus Opfer, welche es nicht wert waren, dass man sie betrauerte. Davis betont, mit leicht zynischem Unterton, dies mit Blick auf den indischen Vizekönig Lord Lytton, welcher maßgeblich hinter dieser Politik stand: »Es muss fairerweise davon ausgegangen werden, dass Lytton glaubte, zwischen Finanzen und Menschen, die ohnehin dem Untergang geweiht waren oder überhaupt kein menschliches Leben mehr führten, abwägen zu müssen.«[31]

All das ist lange Vergangenheit? Um nach den Ereignissen vom 11. September 2001 mehr Geld für den ›Krieg gegen den Terror‹ zur Verfügung zu haben, kürzten die wichtigsten geldgebenden Länder in der darauffolgenden Zeit ihre Beiträge für das World Food Program. Dieses sah sich gezwungen, entsprechend die verteilte Tagesration in Flüchtlingslagern auf äthiopischem Boden um dreißig Prozent zu kürzen. 126 000 Flüchtlinge aus dem Sudan, aus Eritrea und Somalia vegetierten dort vor sich hin: Die neue Tagesration belief sich auf 1500 Kalorien pro Person – eine Ration, die unterhalb der Schwelle liegt, die von der UNO als Existenzminimum eingestuft wird.[32]

Wer nun meint, immerhin helfe der Westen doch, liegt damit leider nur halb richtig. Jean Ziegler berichtete als US-Sonderberichterstatter für das Recht auf Nahrung (2000–2008) von einem Besuch nach Äthiopien; zu diesem Zeitpunkt beliefen sich die Produktionskosten für eine Tonne Mais im Durchschnitt auf 70 US-Dollar, doch die Bauern erhielten aufgrund des Weltmarktpreises im Durchschnitt nur 23 Dollar – nicht zuletzt ein Ergebnis der massiv subventionierten Landwirtschaft in Europa. Um die daraufhin eintretende Hungersnot in Äthiopien zu dämmen, finanzierte das World Food Program den Transport von Mais vom Hafen Dschibuti bis zum Verteilungsort. Kosten pro Tonne: 140 US-Dollar.[33]

Zwölf Milliarden Menschen könnten mit den weltweit produzierten Nahrungsmitteln ernährt werden. Es bedarf schon eines ausgefeilten Systems, gleichzeitig so viel Not zu produzieren – schließlich muss all das Essen, das produziert wird, von all den Hungernden erfolgreich ferngehalten werden. Vom Logistischen einmal abgesehen, ist dabei eine Frage zentral: Warum lassen wir das geschehen? Mit anderen Worten: Warum solidarisieren wir uns nicht mit den Hungernden?

Die Identitätskonstruktion der ›Hungernden‹ trägt, während sie paternalistisches Mitleid erzeugt, unbewusst dazu bei, dass wir diese Subjekte nicht mehr als Menschen im Sinn von Gleichen erkennen – Studien zeigen, dass wir uns nur mit jenen solidarisieren, die wir als ebenbürtig ansehen. Freilich empfinden wir Mitleid mit ihnen. So, wie uns die armen Rinder oder die Milchkühe mit ihren chronisch entzündeten Eutern leidtun, an die wir vielleicht kurz denken, während wir ein Steak verzehren oder unseren Latte Macchiato schlürfen. Doch Solidarität?

Dies ist ein wesentlicher Aspekt der Hartnäckigkeit des weltweiten Hungers. Oder wer könnte sich schon eine globale

Politik vorstellen, welche täglich den Tod von hunderttausend Menschen aus dem Globalen Norden verursacht, und die dennoch über Jahrzehnte hinweg weiterverfolgt wird? Mit allenfalls halbherzigen Versuchen, diesen ›Kollateralschaden‹ zu beheben? Und ist es anders zu erklären, dass zehn Jahre, nachdem die UN-Millenniumsziele ausgerufen wurden und damit auch das Ziel, bis 2015 im Vergleich zu 1990 »den Anteil der Menschen zu halbieren, die Hunger leiden«, die Zahl der Hungernden stattdessen anstieg?[34]

Die Philosophin Judith Butler benutzt den Ausdruck »Prekarität«, um aufzuzeigen, dass es Leben gibt, welches gesellschaftlich konstruiert ist als nicht wertvoll, als nicht schützenswert, »ja nicht einmal als betrauernswert, wenn es verloren wird. Das nicht betrauerbare Leben ist das Leben, das nie als Leben angesehen wurde, und ist somit auch das unlebbare Leben«.[35]

Es ist bekannt, dass unterernährte Kinder weder ihre Intelligenz noch ihre anderen Fähigkeiten voll entwickeln können. Auf diese Art und Weise werden Generationen von Menschen konstruiert, welche von Anfang an zu Armut verdammt scheinen. Sie sind ›unproduktiv‹, ›ineffizient‹ und unterliegen in der weltweiten Konkurrenz um Ressourcen – scheinbar natürlich und auf der angeblichen Ausgangslage gleicher Chancen für alle.

Gleichzeitig ist damit der Grundgedanke der internationalen Entwicklungspolitik nach dem Zweiten Weltkrieg bezeichnet, als die Zweiteilung ›zivilisiert/unzivilisiert‹ durch den Dualismus ›entwickelt/unterentwickelt‹ ersetzt wurde. Die Ideologie der Entwicklungspolitik setzt den kolonialistischen Machtanspruch fort, in der Überzeugung, die Welt könne nicht anders, als sich nach ihrem Ebenbild zu formen, sowie im Glauben, die einzig richtige Wirtschaftsweise zu haben; diese wird aufgenötigt und sich so kolonialistisch weiter bereichert. Als Wendepunkt vom Kolonialismus zur Entwicklungspolitik gilt die vielzitierte Antrittsrede von US-Präsident Harry S. Truman, in welcher es mit Blick auf die ehemaligen Kolonien hieß: *»Their economic life is primitive«* – was nach fast 500 Jahren der Ausbeutung, Versklavung und einer Politik der verbrannten Erde durchaus nicht mehr ganz falsch war – *»and stagnant«*. Dies hatte noch nie gestimmt, erst recht nicht nach all den Zerstörungen, schloss aber nahtlos an den kolonialen Gedanken an, dass nur der Westen Geschichte mache. Und wie sehr dieser die Welt in kürzester Zeit verändern kann, war in zwei Weltkriegen ja gerade bewiesen worden.[36]

## Deutsche Erinnerungskultur und der Trick mit dem Geld

Nach dem Ersten Weltkrieg waren Deutschland seine gerade erst eroberten Kolonien wieder genommen worden. Und auch nach dem Zweiten Weltkrieg half weder, dass ein ehemaliger stellvertretender Präsident der Deutschen Kolonialgesellschaft (»Wir müssen für unser Volk mehr Raum haben und darum Kolonien«, sagte er als solcher 1928 mit Blick auf Afrika) erster Bundeskanzler der Bundesrepublik wurde,[37] noch dass der Vorsitzende des Ausschusses für Außenhandelsfragen im Bundestag, Reinhold Bender, 1954 vorschlug, von der UNO eine bundesdeutsche Treuhandschaft für eine afrikanische Kolonie zu fordern.[38] Und auch, dass der Bundestagsvizepräsident Richard Jaeger 1963 öffentlich bestritt, dass die Bevölkerungen der portugiesischen Kolonien in Afrika unter Fremdherrschaft lebten, und dass er behauptete, die afrikanischen »Eingeborenen« sähen dies genauso, beeindruckte dort offenbar niemanden mehr:[39] Eine Kolonie nach der anderen erklärte ihre Unabhängigkeit.

Dazu war allerdings manches Mal etwas mehr als nur eine reine

Willensbekundung notwendig. Im Krieg um die Befreiung von Frankreich erlitten die Menschen im algerischen Widerstand 1954 bis 1962 die später auch von südamerikanischen Diktaturen übernommenen Methoden der sogenannten französischen Doktrin: insbesondere Folter und das ›Verschwindenlassen‹ also das Kidnappen und Töten des Widerstands Verdächtigter. Um auf Nummer sicher zu gehen, verabschiedete Frankreich im Jahr 2005 ein Gesetz, das die »positive Rolle« Frankreichs in den Kolonien zum schulischen Lernziel erklärte.[40]

Vielleicht das erste Mal, dass die mit dem Kolonialismus verbundenen Gräueltaten in der Bundesrepublik Deutschland breit öffentlich thematisiert wurden, war eine Fernsehsendung des Journalisten Ralph Giordano im Oktober 1966. Sowohl die Auspeitschungen auf den Pflanzungen als auch der Genozid an den Herero waren dort zu sehen.

Ganze Wäschekörbe von Protestbriefen erreichten den Westdeutschen Rundfunk – darunter auch einer meines Großvaters. In seinen neun Jahren als Leiter großer Kokosnusspflanzungen der Deutsch-Ostafrikanischen Gesellschaft (ja, die gab es noch, wenn auch die Zoll-, Steuer-, Verwaltungs- und Justizrechte von Tansania inzwischen an die Briten abgetreten werden mussten) mit Tausenden von schwarzen Arbeitern habe er niemals ein Zeichen von Ablehnung und Feindschaft den Deutschen gegenüber bemerkt.

Ja, die Jahre waren schön gewesen, so ist es auch unserem Familienbuch zu entnehmen, auch wenn für meine Großeltern aufgrund der desolaten Infrastruktur immer wieder Hindernisse zu überwinden waren; mal mussten sie mit einer Eisenbahn-Draisine reisen (»Bewunderswert gewandt liefen die Schwarzen auf den Schienen, Fuß vor Fuß setzend und ab und zu auf das

Fahrzeug aufspringend. Man merkte ihnen nicht an, dass sie immerhin doch fünf Menschen zu schieben hatten«), mal ohne Steg die Küste Mafias erreichen (»Mit dem Motorboot wurden wir soweit als möglich an Land gebracht, mußten aber, da gerade Ebbe war, die letzte Strecke auf dem Rücken von Negern an Land getragen werden«).



Angesichts des gewaltigen Protests findet im Dezember 1966 im Kölner Funkhaus eine Podiumsdiskussion zwischen Ralph Giordano und anderen Herren statt; mein Großvater, etwa dreißig weitere Männer sowie eine Dame sind geladene Studiogäste. Auf Bitte des Redakteurs seines Kreisblatts berichtet mein Großvater hiervon:

»Ich nehme an, dass wir alle Afrikaner waren, die mehr oder weniger lange in Ost-, West- oder Südwestafrika gewesen waren und daß wir sicherlich alle die Verhältnisse drüben aus eigener Anschauung und Erfahrung durch jahrelange Tätigkeit drüben kannten. Denn es kam eine wunderbar geschlossene Einigkeit und Übereinstimmung in unseren Ansichten durch diese Diskussion zum Ausdruck. Gleich die erste Frage an den Autor lautete: ›Herr Giordano, wie lange waren Sie selbst in Afrika? Woher nahmen Sie die Kenntnisse, solch eine Sendung zu schreiben?‹ Er selbst beantwortete m.W. die Frage nicht. Irgendjemand sagte, dass es 10 oder 11 Tage gewesen seien. Mein Nachbar sagte mir auch, daß in einer Wochenzeitung die unwidersprochene Feststellung gemacht sei, daß er erst vor einem Jahr aus der ›DDR‹ – aus Leipzig – in die Bundesrepublik gekommen sei.«

Tatsächlich hatte Giordano, statt sich mit Anfang zwanzig nach Afrika aufzumachen, als Sohn einer jüdischen Mutter erst mal in Gefängnissen und zuletzt einem Hamburger Keller den Holocaust überleben müssen, bevor er 1955 tatsächlich für neun Monate in der DDR gewesen und anschließend öffentlich mit dem Stalinismus gebrochen hatte. Dass aber auch eine Reise nach Afrika in den 1950er oder 60er Jahren genausowenig Beweislast hätte besitzen können, wie die Anwesenheit meines Großvaters dies nach der deutschen Kolonialzeit haben konnte, kam »den Afrikanern« im Funkhaus offensichtlich nicht in den Sinn.



Im Kreisblatt listete mein Großvater nochmal die »positiven Seiten, die Leistungen der Kolonialzeit« auf: die Fehden der Stämme untereinander seien beendet worden, die von den Zauberern veranlassten Grausamkeiten seien, wenn auch nicht restlos, getilgt worden; Überragendes hätten die deutschen Ärzte in der Bekämpfung der Tropenkrankheiten geleistet; durch Straßen und Bahnbauten sei das Land erst erschlossen und der Export ermöglicht worden, und nicht zuletzt der Aufbau von Plantagen, die »wohl dem Besitzer z. T. gute Verdienste – nach anfänglichen Mißerfolgen und Rückschlägen – brachten, auf der anderen Seite aber auch dem Afrikaner ein bescheidenes, aber sicheres Auskommen«.

Die kritische Aufarbeitung des Kolonialismus ergibt ein anderes Bild: statt Fehden (sofern diese überhaupt stattfanden): Vernichtungskriege durch die Kolonisatoren. Statt von Zauberern veranlasste Grausamkeiten (sofern diese außerhalb europäischer Fantasie vorgekommen waren): von Plantagenbesitzern veranlasste Auspeitschungen. Straßen und Eisenbahnen: mit Schwarzer Zwangsarbeit erbaute Infrastruktur zur Ausplünderung des Landes – tatsächlich auch heute durchaus noch funktional. Deutsche Ärzte in der Bekämpfung der Tropenkrankheiten? Der Mediziner Robert Koch, der in Deutschland bereits einen verheerenden Skandal aufgrund von Todesfällen nach einem von ihm entwickelten Tuberkulose-Impfstoff hinter sich hatte (auch seiner gesunden siebzehnjährigen Ehefrau Hedwig Freiberg hatte er diesen verabreicht mit den Worten, sie würde wohl sehr krank davon werden, voraussichtlich aber nicht sterben), konnte in Deutsch-Ostafrika nach der Politikreform unter dem Vorzeichen der neu entdeckten Sorge um die Kolonisierten ungehindert und ohne Einwilligung der Kranken an diesen herumexperimentieren. Das Mittel seiner Wahl gegen die unerforschte Schlafkrankheit: Arsen.



Ein sicheres Auskommen?

Das Hauptproblem jeder Kolonie machte auch vor den Deutschen nicht halt: Wie kriegt man Menschen, denen es an nichts mangelt, dazu, auf Plantagen zu schuften und sich dafür mit der Nilpferdpeitsche foltern zu lassen? Fronarbeit war eine Methode, hatte aber doch hässliche Anklänge an feudale Verhältnisse. Die der besonders effektiven Methode »verbrannte Erde« vorangehende und nachfolgende Lösung – sozusagen ergänzend – bestand darum hier, wie so oft in der Geschichte, in der Einführung des Geldes. Und noch effektiver als die Verlockungen durch Alkohol, Tabak et cetera erweist sich insbesondere immer wieder eine Kopfsteuer. Das hört sich modern und vernünftig an und war in den deutschen Kolonien doch nichts anderes als Fronarbeit, denn der Lohn wurde gleich als Steuer einbehalten.

Als Zeugnis, dass Afrikaner an ihren »deutschen Führern« hingen »wie Kinder an ihrem Vater«, dient meinem Großvater die Geschichte des greisen Generals Paul von Lettow-Vorbeck, der den Ersten Weltkrieg in Deutsch-Südwestafrika mit zuletzt gut hundert Soldaten sowie afrikanischen Söldnern, genannt ›Askari‹, unbesiegt überstand; dieser sei in der Bundesrepublik vom Sohn eines solchen Askari besucht worden und habe diesem gesagt, er möge doch nun nicht uns Deutsche aufgrund dessen, was im letzten Weltkrieg an »Fehlern und Unerfreulichem« von uns begangen worden sei, verurteilen und »geringer einschätzen«. Darauf habe der Afrikaner ihm gesagt: »Wir verachten nur kleine Leute! Große Männer, wie du einer gewesen bist, werden wir immer achten!«

Abschließend bewegt meinen Großvater noch eine letzte Frage: »Wird nicht jede Entwicklungshilfe illusorisch, zunichte, wenn wir uns selbst so klein machen? Müssen uns da nicht die unterentwickelten Völker verachten?«

## Entwicklungshilfe für den Norden

Der Mythos des ›leeren Landes‹ ist der Vorläufer der Vorstellung, wir würden beständig Entwicklungshilfe in den Globalen Süden schicken, doch ach, die Korruption – die Faulheit – das ständige Vermehren ...

Faktisch jedoch zahlen die Länder des Globalen Südens ein Vielfaches in Form von Zins- und Zinseszinszahlungen an den Globalen Norden zurück: Im Jahr 2005 belief sich die öffentliche Entwicklungshilfe der Industrieländer des Nordens für die 122 Länder der ›Dritten Welt‹ auf 58 Milliarden Dollar. Im selben Jahr haben diese Länder den Banken des Nordens 482 Milliarden Dollar als Schuldendienst überwiesen.[41] Schon seit den 1980er Jahren kommt es Jahr für Jahr zu einem ähnlichen Zahlenverhältnis.

»Diese Verschuldung ist die anschaulichste Illustration der strukturellen Gewalt, die in der heutigen Weltordnung am Werk ist«, so kommentiert Jean Ziegler dies. »Man braucht keine Maschinengewehre, kein Napalm, keine Panzer, um die Völker zu unterwerfen und unters Joch zu zwingen.«[42] Und letztlich ist sie nichts anderes, als was – unter anderen – die Deutschen in ihren

Kolonien schon erfolgreich praktiziert hatten: durch die Schuldenspirale Aneignungen zu legitimieren. 

In seinem Jahresbericht 2004 schätzt die UNDP (der Entwicklungsausschuss der Vereinten Nationen), dass eine jährliche Aufwendung von 80 Milliarden US-Dollar während einer Spanne von zehn Jahren genügen würde, um jedem Menschen den Zugang zu einer elementaren Schulbildung, medizinischer Versorgung, ausreichender Nahrung, Trinkwasser und sanitären Infrastrukturen sowie für die Frauen Zugang zu gynäkologischer Betreuung und Geburtshilfe zu gewährleisten.

Also müssten wir nur bereit sein, einen Bruchteil der Summe, die in die Finanzmarktrettung gesteckt wurde, zu investieren? Beziehungsweise ein knappes Neuntel des US-Militärhaushaltes? Oder ein Sechstel dessen, was der Globale Süden jährlich dem Globalen Norden zahlt?

Wenn es so einfach wäre, fänden dann nicht vielleicht sogar manche Regierenden ihr gutes Herz? Immerhin hat sich der weltweite Reichtum zwischen 1960 und 2002 verachtfacht, und von 2003 auf 2013 hat sich das weltweite Bruttoinlandsprodukt dann nochmal verdoppelt[43] – könnte da nicht langsam mal was übrig sein? Anscheinend ist es nicht so einfach. Anscheinend stellt es unser Wirtschaftssystem infrage. Schließlich ergibt bereits die einfachste ökonomische Grafik: Mit dem Preis steigt das Angebot und sinkt die Nachfrage, in der Mitte liegt der sogenannte Gleichgewichtspreis. Im Fall von Grundnahrungsmitteln und – ginge es nach dem Ex-CEO des Nestlé-Konzerns Peter Brabeck und seinesgleichen – auch von Wasser, finden sich links vom sogenannten ›natürlichen Gleichgewichtspreis‹ diejenigen, die sich das leider nicht leisten können, sprich: die verhungern beziehungsweise verdursten beziehungsweise an Kloakenbrühe krepieren. Denn dafür, dass die Grundnahrungsmittel nicht durch die Regierungen subventioniert werden, dafür sorgt nicht

zuletzt der Internationale Währungsfonds (IWF).

Joseph Stiglitz bezeichnet den IWF als »Sachwalter der Interessen der Finanzwelt«.[44] Stiglitz ist nicht irgendwer: Von 1997 an war er fast drei Jahre lang Chefvolkswirt und Senior-Vizepräsident der Weltbank; 2001 bekam er den Nobelpreis für Wirtschaft verliehen. »Wenn die neue Rolle des IWF öffentlich zugegeben würde, würde die Unterstützung für die Institution möglicherweise schwinden«, so Stiglitz weiter. Eine grob vereinfachende Marktideologie liefere daher den Diskurs, um zu verdecken, dass der IWF den Interessen der internationalen Finanzwelt diene. Diese Marktideologie sei so einfach, dass sie auch ein Papagei lernen könne, so Stiglitz. Er müsse nur drei Ausdrücke beständig wiederholen: Sparpolitik, Privatisierung und Marktöffnung. Wenn man einem Papagei diesen Spruch beigebracht hätte, dann hätte man seit den achtziger Jahren auf den Rat des IWF verzichten können. Denn dies waren seine drei Säulen der Empfehlungen bei Strukturanpassungsprogrammen (SAP) – und diese bei Kreditnahme Vorbedingung.

Mit der Einsicht, dass der IWF den Interessen der Finanzwelt dient, werde vieles verständlicher; beispielsweise wieso er der Erfüllung der Forderungen ausländischer Gläubiger größeres Gewicht beimesse als der Erhaltung der Solvenz möglichst vieler inländischer Unternehmen. Und damit, warum der IWF nach seinen eigenen Kriterien versagt: Sogar eine Studie, die der IWF in Auftrag gegeben hatte, ergab 1998, dass 36 Länder mit SAP zwischen 1991 und 1995 keinerlei Wachstum aufweisen konnten, während vergleichbare Länder ohne SAP eine positive Wachstumsrate hatten. Und in Afrika südlich der Sahara war die Wachstumsrate sogar negativ: unter der leitenden Hand des IWF fiel das Einkommen dieser Länder um 23 Prozent.

Ab und zu werden Schuldenerlässe medial groß verbreitet. Sicher, denn wenn ein Land schon das Neunfache dessen, was es an Sozialleistungen für die eigene Bevölkerung ausgibt, an Schuldendiensten zahlen muss (wie in unserer alten Kolonie Kamerun Mitte der 1990er Jahre), dann ist eh klar, dass noch mehr dort nicht zu holen ist. Schulden müssen bezahlbar bleiben, sonst kommt es irgendwann zum Widerstand. Das wissen wir doch aus der Kolonialzeit!

Woher diese Schulden eigentlich stammen? Nun, ursprünglich war Ende der 1970er Jahre aufgrund eines weltweiten Überangebots an Kapital der Zins teilweise niedriger als die Inflation – da griff so manche Regierung gerne zu. Dann stiegen die Zinsen aufgrund eines Kurswechsels in der US-Finanzpolitik unerwartet extrem an, und plötzlich war die Schuldenkrise da. Ohne Zins und Zinseszins wären die Schulden längst abbezahlt. Doch darüber hinaus kam oft das eine zum anderen: Was eine Regierung halt so braucht, kann mit einem Kredit schnell mal besorgt werden. Zum Beispiel haben in Ruanda 1994 die regierenden Hutus innerhalb von Tagen bis zu einer Million Tutsis niedergemetzelt, und das natürlich nicht mit bloßen Händen; die wichtigsten Waffenlieferanten und Kreditgeber hierfür waren Frankreich, Ägypten, Südafrika, Belgien und China gewesen; vor allem Frankreich lieferte auch während der Kämpfe noch Waffen. Die neue aus Tutsis gebildete Regierung erbte diese Auslandsschuld, die sich auf knapp über eine Milliarde US-Dollar belief. Ein Gesuch um Erlass wurde abgelehnt.

Den IWF als Sachwalter der Interessen der Finanzwelt anzusehen, macht auch dessen Desinteresse an der Tatsache verständlich, dass selbst in jenen Ländern, in denen es zu Wirtschaftswachstum kommt, die Armut mitwächst: Gewinne aus Vermögen auf der einen Seite und Abbau von Sozialleistungen,

Erhöhung des Preisniveaus, sinkende Reallöhne, steigende Erwerbslosigkeit und Bildungskosten auf der anderen lassen diese Entwicklung zu einem Teufelskreis werden. In den Ländern, die ein Wirtschaftswachstum erreichten, kam dies lediglich den obersten zehn Prozent zugute. Um jedoch so richtig von den vom IWF durchgesetzten Maßnahmen profitieren zu können, sollte man am besten schon vorher richtig reich sein. So hatte Mexiko, das Land mit der weltweit ersten Schuldenkrise im Jahr 1982, sechs Jahre darauf zwei Milliardäre, und nur weitere sechs Jahre später waren es bereits vierundzwanzig. Das nennt der IWF Entwicklung.

Da der Ruf der Strukturanpassungsprogramme mit der Zeit immer schlechter wurde, hat der IWF sie abgeschafft. Heute heißen sie »Poverty Reduction and Growth Facility« – Kreditlinien für Armutsminderung und Wachstum. Dies erinnert mich immer an das Spiel »Risiko«, welches ich zu meinem achten Geburtstag geschenkt bekam. Damals hieß es: »Erobern Sie 24 Länder Ihrer Wahl«. Später wurde dies verändert in: »Befreien Sie 24 Länder Ihrer Wahl«. Der einzige Unterschied zwischen einem SAP und einem PRGF: Die damit verbundene Vorgabe, die Zivilgesellschaft des Landes solle mitreden können bei den Politikmaßnahmen und dem IWF Vorschläge unterbreiten, ermöglicht eine noch größere Einmischung in das verschuldete Land. Vorher hatte der IWF zumindest offiziell keine Berechtigung, auf die Umsetzungsmaßnahmen konkret Einfluss zu nehmen.

Von seinen Basisforderungen geht der IWF auch bei der neuen Regelung nicht ab. Warum sollte er auch? Wem der IWF die Kreditwürdigkeit abspricht, der verliert diese bei allen – bei der Weltbank, bei der EU und bei den Privatbanken. Wenn der IWF öffentlich bekannt gibt, dass die Verhandlungen abgebrochen oder auch nur vertagt wurden, sendet dies ein äußerst negatives Signal an die Märkte. Es kommt bestenfalls zur Zinserhöhung und schlimmstenfalls zu einer völligen Unterbrechung des Zustroms von Kapital. Die Aussicht, dass der IWF seinen Standpunkt ändere, sei somit verschwindend gering, so Stiglitz; die Aussicht, leitende Bedienstete des IWF zu verärgern, dagegen erheblich größer – diese fühlten sich schnell provoziert, wenn ihnen widersprochen werde.

Kommen wir noch einmal zu dem zurück, was der Papagei zu sagen hat. Erstens, »Sparpolitik«: Das heißt in erster Linie Subventionsabbau und Kürzung der Staatsausgaben durch Einsparungen im öffentlichen Dienst. Subventionsabbau betrifft in vielen Ländern wie Mexiko, Marokko oder Papua-Neuguinea auch Grundnahrungsmittel. In Indonesien betraf es auch Kerosin – den Brennstoff, den Arme zum Kochen verwenden. In Thailand Medikamente. Um nur einige Beispiele zu nennen. Kürzung der Staatsausgaben heißt oft: keine Schulen und Krankenhäuser bauen, die Lehrmittelfreiheit abschaffen, Schul- und Uni-Gebühren einführen. Und natürlich unterstützt eine solche Sparpolitik eine Wirtschaftsflaute und Finanzkrise.

Das zweite Papageienwort war »Privatisierung«, die Stiglitz zufolge vielfach »Korrumpierung« genannt wird. Doch auch abgesehen von der Gelegenheit zu privater Bereicherung: Anstatt dem Ausverkauf staatlicher Betriebe zu widersprechen, verscherbeln viele nationale Führungspersönlichkeiten ihre Elektrizitäts- und Wasserwerke gerne, denn so können sie sich einen Großteil dessen nehmen, was andernfalls von all den künftigen Politikern abgeschöpft werden würde.

Der dritte Teil des IWF-/Weltbank-Einheitsplans zur angeblichen Rettung der Volkswirtschaften heißt »Liberalisierung«. In der Theorie ermöglicht die Deregulierung des Kapitalmarkts dem Investmentkapital, frei zu- und abzufließen. Leider kommt das Geld meist zum Zweck der Spekulation ins Land und flieht dann beim ersten Anschein von Problemen. Wenn dies passiert, verlangt der IWF von diesen Staaten, ihre Zinssätze zu erhöhen und damit den Spekulanten einen Anreiz zu geben, dass sie dem Land seine Kapitalgrundlage zurückbringen, um so seine Schulden zu bezahlen. Die Schaffung von Arbeitsplätzen ist bei diesen Zinsen selbst unter günstigen wirtschaftlichen Rahmenbedingungen unmöglich: Das notwendige Kapital zur Finanzierung des Wirtschaftswachstums ist damit einfach zu teuer.

Übrigens beschreiben diese drei Papageienworte genau das Gegenteil dessen, was die reichen Länder nach 2007 in ihren eigenen Finanzkrisen als Politik verfolgten: erstens, statt Liberalisierung zunehmenden Schutz eigener Wirtschaftszweige und massive Eingriffe in den Finanzmarkt; zweitens, statt Privatisierung Verstaatlichung vor allem von Banken (und damit die Vergesellschaftung der Schulden); sowie, drittens, statt Sparpolitik gigantische Ausgaben des Staats für Hilfspakete und Konjunkturprogramme. Während etwas später die Länder des europäischen Südens in ihren Schuldenkrisen wiederum diesen Maßnahmen unterworfen wurden.

Warum Europa da nicht besser zusammenhält? Nun, ökonomisch ist das mittel- und langfristig eigentlich nicht erklärbar. Vielleicht findet sich die Antwort in folgender Bemerkung des ehemaligen französischen Staatspräsidenten Giscard d'Estaing in einem gemeinsamen Interview mit Altkanzler Helmut Schmidt im Spiegel: »Ganz ehrlich, es war ein Fehler, Griechenland aufzunehmen. Griechenland war einfach nicht reif. Griechenland ist im Grunde ein orientalisches Land.«[45] Ein schöneres Beispiel für die These des postkolonialen Theoretikers Edward Said, wonach sich Europa, das Abendland, erst in Abgrenzung gebildet hat zu dem, was als Morgenland konstruiert wurde, kann es kaum geben; Edward Said bezeichnete dies als »Orientialismus« (1978). So beanspruchte Europa für sich Fortschritt und schrieb den anderen Stagnation zu, befand sich als rational (was besonders hieß: mit Geld umgehen zu können) und das Morgenland als sich den Gelüsten hingebend. Mit anderen Worten: Wer im Wettbewerb der Nationen nicht erfolgreich ist, kann einfach nicht europäisch sein!



## Die ›Great Chain of Success‹: Wie wir uns selbst kolonialisieren

»In deutschen Unternehmen macht sich ein neuer, totalitärer Anspruch breit: Gefordert ist der durch und durch transparente und stets maximal motivierte Hochleistungsmitarbeiter«, so beschreibt das Magazin Stern im August 2012 die Veränderungen von Lohnarbeit und gibt unter anderen folgendes Beispiel: In Deutschlands größtem Software-Konzern SAP soll ein Programm der Firmentochter »Successfactors« künftig die Leistung eines jeden der weltweit 60 000 Angestellten messen und in einer Matrix darstellen – auf der x-Achse die ›Performance‹, auf der y-Achse das ›Potenzial‹. »Folglich findet man in der rechten Spalte oben die Namen der ›Stars‹ und ›Emerging Stars‹, darunter die Namen der ›Experienced Professionals‹, in der Mitte die der ›Soliden‹. Links werden die Beurteilungen nach unten immer miserabler – ›Needs Coaching‹, ›Questionable Fit‹ oder gar ›Counsel Out‹. Aussortieren.«

So natürlich uns heute eine solche »Great Chain of Success« als Anordnung von den Erfolgreichsten bis zu den Versagern erscheinen mag: Konkurrenz war nicht immer zu einem Grundelement menschlicher Existenz erklärt worden. Wesentlich hierfür war das Ineinandergreifen von wirtschaftlichen

Interessen und Rassismustheorien: Auf der einen Seite hatte Adam Smith als geistiger Vater der liberalen Ökonomie die entscheidende Grundlage für die Entstehung des *homo oeconomicus* gelegt, wonach sich Eigennutz in Allgemeinnutz wandelt. Dass die damit verbundene Grundlage einer Gleichheit der Menschen faktisch erstmal zu einem Ausschluss von People of Color mit dem Argument der Biologie kam, ist bereits ausgeführt worden. Auf der anderen Seite kam es im 19. Jahrhundert zu einer Umdeutung rassistischer Stereotype in das Recht des Stärkeren. Der Philosoph und Soziologe Herbert Spencer legte dar, dass das Prinzip der natürlichen Auslese auch innerhalb einer Nation anzuwenden sei. Der hierauf beruhende Sozialdarwinismus – wonach sich auch in der Gesellschaft die Überlegenen durchsetzen – hatte mit der Theorie von Charles Darwin zwar nicht mehr direkt zu tun, doch der beiden zugrundeliegende Gedanke der ›natürlichen Auslese‹ und nicht zuletzt der von Spencer stammende Ausdruck *survival of the fittest* formten den ›Homo oeconomicus‹ wesentlich weiter aus. Und damit unser Bild vom Menschsein.

Als zweiter Vater des Homo oeconomicus, nach Adam Smith, gilt Jeremy Bentham. Als wesentlicher Begründer des Utilitarismus geht das Verständnis von Entscheidungen als dem Abwägen zwischen Kosten und Nutzen auf ihn zurück (immerhin mit dem nicht ganz unerheblichen Unterschied zu heute, dass dies für Bentham nicht mit dem Auf und Ab auf dem eigenen Geldkonto gleichzusetzen war; stattdessen mahnte er nicht weniger an, als jeweils das größtmögliche Glück der gesamten Menschheit zu bedenken).

Benthams größte Leidenschaft aber war das Rechtssystem. Letztlich suchte er in seinen Gesetzesentwürfen die Antwort auf das Problem der Vermittlung zwischen dem Homo oeconomicus und dem *homo legalis,* dem verständigen Rechtssubjekt: Wie nach den Regeln des Rechts Menschen regiert werden können, die gemäß der Theorie von Smith in ihren rationalen Entscheidungen nicht beeinflusst werden dürfen, da nur so die ›unsichtbare Hand‹ walten könne.

Zugleich ist Bentham der Erfinder des Panoptikums: einer Gefängnisarchitektur, in welcher die Einzelzellen kreisförmig angeordnet sind, und zwar um einen Wachturm, von dem aus alle Zellen sichtbar sind, die Insassen aber nie wissen, wann sie beobachtet werden. Es reicht damit nicht mehr aufzuspringen, wenn die Schritte und das Schlüsselgeklapper des Wärters nahen. Und die Entlassung hängt davon ab, ob das Verhalten des Insassen 24 Stunden am Tag zur Zufriedenheit der Wächter ausfällt. Somit wird die ständige Selbstkontrolle aus dem eigenen Interesse heraus zur Pflicht – und hierin besteht die Magie des Panoptikums: Die Disziplinierung wird verinnerlicht.

Bentham selber bezeichnet das Panoptikum als Methode der Machterlangung »in einem bisher beispiellosem Ausmaß«, als »ein großes und neues Regierungsinstrument«. Aus den Disziplinen, die zu seiner Zeit an begrenzten Orten wie Gefängnissen, Schulen, Fabriken, Militärbaracken, Psychiatrien und auch den Familien ausgearbeitet worden waren, ein die Gesamtgesellschaft lückenlos durchdringendes Netzwerk zu machen – das war der Traum Benthams.

Dem französischen Philosophen Michel Foucault gilt diese Gefängnisform als Ausdruck einer Machttechnologie, die für moderne Gesellschaften insgesamt charakteristisch ist. Er prägt den Begriff »Gouvernementalität«; wenngleich die Interpretation, wonach in diesem Ausdruck Regieren *(gouverner)* und Denkweise *(mentalité)* bewusst miteinander verbunden werden, inzwischen umstritten ist, so verhilft sie nichtsdestoweniger zum besseren Verständnis: Die Regierungsweise tritt nicht als äußere Macht auf, sondern als Verinnerlichung von Ansprüchen. Heute bilden diese als ›Selbstbestimmung‹ einen zentralen Produktionsfaktor.

Zunächst galt der Anspruch verinnerlichter Disziplin nur für Bürger: Schon Adam Smith hatte mit seinem Buch »Theorie der ethischen Gefühle« (1759) beschrieben, wie sich der weiße bürgerliche Mann zu verhalten habe. Das hatte Verbindungen zum Äußeren: Der Anthropologe und Zoologe Johann Friedrich Blumenbach pries das »schöne«, symmetrische Gesicht als Zeichen der Überlegenheit und bezog dies auf das Klima: Je gemäßigter, desto ebenmäßiger seien die Gesichter. Dies stand ebenso im Zusammenhang mit dem Lob der Mäßigung als bürgerlicher Charaktereigenschaft als auch mit Theorien, nach denen das gemäßigte Klima sich fördernd auf den Arbeitseifer auswirke.

Im 19. Jahrhundert geriet der bürgerliche Mann immer mehr in den Mittelpunkt des wissenschaftlichen Interesses. Die Werte der Mittelklasse und die Bedeutung sowohl einer ordentlichen als auch einer ästhetischen Erscheinung wurden zum Maßstab ›rassischer‹ Wertigkeit; synonym gesetzt mit einer glücklichen und gesunden Welt, spiegelten sie die Tugenden von Gesetz und Ordnung wider.

War dies damals eine Welt, die aufgrund der biologistischen Implikationen nur von weißen Europäern zu erreichen war, so gelten heute diese Ideale als für alle Identitäten erreichbar. Und wer will nicht schön und schlank sein und Karriere machen? Ausgangspunkt der Gouvernementalität ist die Begierde als Grundlage des Interesses, über die in »ja-sagender« Weise regiert werden soll: Im Gegensatz zu den willkürlich erlassenen Gesetzen eines Souveräns erscheinen dem Individuum die Gebote der Gesellschaft tatsächlich als erstrebenswert. Die »neoliberale Regierungskunst«, wie Foucault diesen teils Interessen folgenden, teils auch schlicht verselbständigten Wirkmechanismus auch nennt, orientiert sich dabei am Modell des Markts: Wie dort wird mit Gleichgewichten argumentiert, denen es zu ihrem natürlichen Zustand zu verhelfen gilt. Es geht nicht länger darum, Praktiken im Hinblick auf ein moralisches Prinzip als gut oder schlecht zu beurteilen, sondern als wahr oder falsch; es entstand eine »neue Herrschaft der Wahrheit«. Und doch ist es ein Irrtum zu glauben, das Einhalten des Body-Mass-Index führe zu mehr Gesundheit – tatsächlich wird, statistisch gesehen, weniger krank, wer darüber liegt. So wird auch diese angebliche Natürlichkeit oder »Normalität des Seins« erst hergestellt.

An die Stelle der Kennzeichen, welche Standeszugehörigkeit und Privilegien sichtbar machten, tritt ein System von Normalitätsgraden. Diese wirken klassifizierend, hierarchisierend und rangordnend. Hieraus ergibt sich Homogenisierung (alle streben nach diesem Ideal) und Individualisierung (durch die Messung der Unterschiede) zugleich. Doch ist es nur eine scheinbare Individualität, so individuell wie softe oder rockige Supersternchen vor dem unerbittlichen Dieter Bohlen – denn alles dient nur dem Erreichen desselben Zieles: erfolgreich zu sein.

Dies enthüllt die Begrenztheit der demokratischen Freiheit des souveränen Subjekts im westlichen Denken – diese Freiheit beruht auf der Disziplinierung von Körper und Seele. Freiheit ist damit nicht mehr nur ein Recht der Individuen, sondern wird zum unverzichtbaren Bestandteil von Regierung und, nach Foucault, zur unabdingbaren Voraussetzung der kapitalistischen Produktionsweise. Diese subtile Form sei nicht eine verminderte, sondern im Gegenteil eine ausgeweitete Ausübung von Macht, welche jeden Aspekt des täglichen Lebens umfasse. Dabei sei die Verinnerlichung von Kontrolle begleitet von einem wachsenden ›Demokratisierungsprozess‹, von Mechanismen, welche die Funktion haben, »ein Mehr an Freiheit durch ein Mehr an Kontrolle und Intervention einzuführen«.[46]

Hierfür konditioniere der Liberalismus die Individuen darauf, ihr Leben als Träger von Gefahren zu empfinden. Heute müssen in diesem Zusammenhang Verbrechen und Terror genannt werden, welche umso furchterregender wirken, je mehr sie aus der Mitte der Gesellschaft und unsichtbar erscheinen, wie im Ausdruck ›Schläfer‹ kristallisiert: der ruhige und sympathische Student, der irgendwann als al-Qaida-Terrorist zuschlägt. Aber auch schon die Angst davor, dick zu werden oder anderweitig vom Ideal des Normalen abzuweichen und dadurch beispielsweise bei einem Vorstellungsgespräch zu versagen, kann als Moment für das Funktionieren der Gesellschaft gelten. »Überall sieht man diese Aufstachelung der Angst vor der Gefahr, die gewissermaßen die Bedingung, das psychologische und innere kulturelle Korrelat des Liberalismus ist. Es gibt keinen Liberalismus ohne die Kultur der Gefahr.«[47]

Als »Korrelat« (also als ergänzendes Gegenstück) einer neoliberalen Regierungsweise sieht Foucault aber auch das Leitbild des Homo oeconomicus – beziehungsweise: uns, die wir uns als Subjekte dieser Gesellschaft nach dessen Idealen ausrichten. Dass wir das auch tatsächlich tun, dafür sorgt nicht zuletzt, in einer Formulierung von Ulrich Bröckling, der »demokratisierte Panoptismus«: An die Stelle des allsehenden Beobachters im Wachturm tritt ein nicht-hierarchisches Modell gegenseitiger Sichtbarkeit, bei dem jeder zugleich Beobachter aller anderen und der von allen anderen Beobachtete ist.[48] Ob wir über unserem Body-Mass-Index liegen oder unseren Beruf nicht ›mit ganzem Herzen‹ ausüben und damit womöglich gar im Teamwork die Gruppeneffizienz nach unten ziehen – auf den Verweis durch

Mitmenschen, was von uns als ›normal‹ erwartet wird, brauchen wir nicht lange zu warten; für Foucault »ein innerer Rassismus permanenter Reinigung, der zu einer der grundlegenden Dimensionen gesellschaftlicher Normalisierung wird«.[49] Als normal aber gelten die Eigenschaften des Homo oeconomicus. Damit besteht eine klare Wertigkeit, welche Eigenschaften als erstrebenswert gelten: Solche, die notwendig sind, um sich den ökonomischen Anforderungen anzupassen. Wie die Great Chain of Being impliziert diese Ausrichtung auf den Homo oeconomicus ein Ideal, das dem westlichen, erfolgreichen Mann entspricht. Dabei wird jedoch nicht mehr mit Biologie argumentiert.



Und es wurde schon angedeutet: All das funktioniert bei (weißen) Frauen ganz ähnlich.

## ›Sex‹, ›race‹ und der Homo oeconomicus

Vorweg: Wenn in der eingangs skizzierten Sexismus-Diskussion beispielsweise Dirk Niebel klagt, viele seiner Geschlechtsgenossen seien diesem ausgesetzt, dann drängt sich einer der Eindruck auf, Sexismus käme irgendwie von »Sexualität« , da es immer um sexuelle Anzüglichkeiten zu gehen scheint. Denn vermutlich wollte Niebel nicht andeuten, seine Geschlechtsgenossen seien im Vergleich zu Frauen unterbezahlt. Doch tatsächlich bezeichnet der Begriff ganz allgemein ›Diskriminierung aufgrund des Geschlechts‹. Das Buch »Making Sex« (1990) des Historikers Thomas Laqueur ist wörtlich auch nicht mit ›Sex machen‹ zu übersetzen, sondern mit ›das biologische Geschlecht konstruieren‹. Darin zeigt er: Ganz parallel zu der Entwicklung hin zur Vorstellung einer biologischen Verschiedenheit durch ›Rassen‹ wich das bis dato herrschende Verständnis, Männer seien zwar in allem besser, nicht aber grundsätzlich anders als

Frauen, in der zweiten Hälfte des 18. Jahrhunderts im Zuge der bürgerlichen Revolutionen einer komplementären Vorstellung der Geschlechter.

Hatten vorher männliche und weibliche Genitalien dieselben Namen besessen – Vagina wie Penis, Eierstöcke wie Hoden et cetera – und waren Frauen nicht andere, sondern unvollkommene Tugenden zugesagt worden, so verdichtete sich auch hier der biologistisch-wissenschaftliche Diskurs dahingehend, dass sie aufgrund ihrer körperlichen und geistigen Andersartigkeit keine gleichen und freien Staatbürgerinnen sein könnten. Entsprechend wurden sie im Vergleich zu der Zeit vor der französischen Revolution entrechtet, und im europäischen »Häuslichkeitskult« Anfang des 19. Jahrhunderts galten sie als zu fein und zart, als etwas anderes zu vollbringen, als zu Hause zu sitzen, zu nähen und für ihren Mann da zu sein.

Allerdings galt dies nur in den höheren Schichten. Und Schwarze Frauen wurden sowieso nicht wie die bürgerlichen Europäerinnen als Engel des Haushalts idealisiert, sondern zu den Arbeiten in den Plantagen der Kolonien gleichermaßen wie Männer gezwungen. Denn für Schwarze Frauen galt das in Europa neu geformte Bild von Weiblichkeit nicht. Die Naturforscher aus der europäischen Oberschicht, die solchen Wert auf Komplementarität legten, wenn sie ihre eigenen Mütter, Ehefrauen und Schwestern beschrieben, weigerten sich, Afrikanerinnen in die neue Definition von Weiblichkeit einzubeziehen.

Dass heute sowohl weiße Frauen als auch Männer und Frauen of Color – Angela Merkel, Barack Obama und Condoleezza Rice sind hier offensichtliche Beispiele – Karrieren und Ämter erreichen können, die ihnen früher nicht offenstanden, sind nicht zu verachtende Emanzipationserfolge. Der Ruf nach »Freiheit, Gleichheit, Brüderlichkeit« ist nicht als falsche Ideologie in die

Welt gesetzt worden – auch wenn viele derjenigen, die ihn gerufen haben, den wissenschaftlichen ›Beweisen‹ der körperlichen und geistigen Unterlegenheit von Frauen/People of Color nur zu gerne Glauben schenkten. Aber der Ruf nach Gleichheit war da, und er ist nicht ungehört verhallt, sondern hat sich innerhalb der vergangenen zwei Jahrhunderte immer wieder in Köpfen und Herzen festgesetzt und in Kämpfen und deren Errungenschaften verwirklicht: in jenen für die Sklavenbefreiung, in denen der Suffragetten, in der Schwarzen Bürgerrechtsbewegung, in der Neuen Frauenbewegung und in vielen weit unbeachteteren, häufig auch alltäglicheren, mehr. Sowohl bei den Geschlechterverhältnissen als auch beim Rassismus verlor die in der Aufklärung ›erfundene‹ biologische Differenz als Begründung für soziale Differenzierung spätestens in der zweiten Hälfte des 20. Jahrhunderts an Bedeutung.

Der Homo oeconomicus ist zum hegemonialen Leitbild für alle geworden – doch da er in Interaktion mit der Konstruktion des weißen, männlichen Bürgers entstanden ist, bleibt es für Mitglieder dieser Identität leichter, erfolgreich zu sein. Die Schranken zwischen *sex* und *race* sind durchlässiger geworden und eröffnen ›unternehmerische Spielräume‹ für einzelne, doch gleichzeitig entstehen daraus Paradoxien. So ist es kein Zufall, wenn weiße Männer sich tendenziell besser in der Gesellschaft behaupten können, während es andererseits auch Beispiele für den erfolgreichen Aufstieg von (weißen) Frauen beziehungsweiße People of Color gibt.

Mit anderen Worten: die glückliche und gesunde Welt der Mittelklasse ist keine Welt mehr, welche nur von weißen Europäern zu erreichen ist. Doch es ist dieser normierte Normalitätsgrad, von dem Foucault spricht, und der sich im Homo oeconomicus manifestiert, der als ›das Natürliche‹ gilt und das von ihm Abweichende ausschließt. Ist die Fassade perfekt, sind in dieser Logik Hautfarbe und Geschlecht unwichtiger geworden. Dabei ist es wie bei einer Barbiepuppe: die gibt es heute auch in braun. Aber dennoch sehen sie in ihrer angeblichen Perfektion alle gleich aus.

Während Foucault zufolge dem Rassismus historisch die Aufgabe zukam, »die Zäsur zwischen dem, was leben, und dem, was sterben muss« zu etablieren, scheint heute, urteilt Thomas Lemke, »das ökonomische Prinzip und der Begriff der Selbstbestimmung eine ähnliche Funktion zu erfüllen«.[50] Foucault: »Sobald eine Gesellschaft sich selbst die Frage nach der Verbesserung ihres Humankapitals im allgemeinen stellt, ist es unmöglich, dass das Problem der Kontrolle, der Auswahl, der Verbesserung des Humankapitals der Individuen ... nicht aufgeworfen« wird.[51] Wurden früher bestimmte ›Rassen‹ als ›minderwertig‹ angesehen, so wird nun innerhalb aller Menschen aussortiert.

Im Gegensatz zu der biologisierten Aufteilung der Gesellschaft ergibt sich eine organische Durchlässigkeit selektiver Inklusion von Individuen. Entsprechend wird einzelnen Individuen aus anderen Kulturen erlaubt, sich in die westliche Kultur zu ›integrieren‹, insofern diese dem Bild des Homo oeconomicus entsprechen.

»Diversity Management« wird heute ganz groß geschrieben; auch von Bundeskanzlerin Angela Merkel anlässlich eines Kongresses hierzu, organisiert vom Tagesspiegel: »Die Wertschätzung von Vielfalt ist alles andere als eine kurzweilige Modeerscheinung. Sie ist vielmehr Teil einer auch im wahrsten Sinn des Wortes gewinnbringenden Wirtschafts- und Gesellschaftskultur«. Der Hauptartikel der Kongressbeilage des Tagesspiegels vom 8. November 2012 wird konkreter: »Bis zu 21 Milliarden Euro könnte die deutsche Wirtschaft gewinnen, wenn sie bestimmte Mitarbeitergruppen systematisch ausbaute.« Und Michael Schmidt, Vorstandsvorsitzender von BP Europa SE, schreibt in seinem Beitrag: »Belegschaften sollten dem Querschnitt der Gesellschaft entsprechen – so können auch Kundenbedürfnisse besser erkannt werden.« Wie das nun völlig konkret aussehen kann, dafür findet sich genau zwei Wochen später, am 22. November 2012, ein Beispiel in der Berliner Zeitung:

> Mehrere führende Modeketten setzen inzwischen Ankleidepuppen ein, die ihre Kunden genau beobachten können, indem sie auf ähnliche Überwachungstechnologie zurückgreifen, wie sie auch die Polizei einsetzt ... Durch das Auslesen der Gesichtsmerkmale kann die Puppe Alter, Geschlecht und Ethnie ihres Gegenübers erkennen – etwa, ob sich eine junge Asiatin für die Kleidung interessiert ... So haben die 4000 Euro teuren Spezialpuppen in einem Fall etwa herausgefunden, dass über einen bestimmten Eingang überproportional viele Asiaten eine Filiale betreten – und zwar immer nachmittags. Nachforschungen ergaben, dass ein Touristen-Bus in der Nähe des besagten Eingangs hielt. Daraufhin habe der Manager zu jener Zeit zwei asiatische Verkäufer in diesem Eingangsbereich platziert – mit dem Ergebnis, dass sich die Verkäufe in der Folgezeit um zwölf Prozent gesteigert hätten.

Ist es angesichts solcher Zahlen erstaunlich, dass, wie Kien Nghi Ha bemerkt, selbst im erzkonservativen Milieu Einwanderung inzwischen als notwendiges Mittel zur Aufstockung des sozio-ökonomischen und intellektuell-kreativen ›Humankapitals‹ nicht länger kategorisch verneint wird?

Dabei wird, aller Rhetorik zum Trotz, offensichtlich, dass nicht von der Gleichwertigkeit der Kulturen ausgegangen wird, sondern dass die westliche als die überlegene gilt. Zwar werden andere Bräuche akzeptiert – wer freut sich nicht über eine kulinarische Vielfalt auf dem Straßenfest? –, doch letztlich auf der Grundlage, dass die westlichen und kapitalistischen Grundwerte nicht davon berührt werden. Ha kritisiert mit Verweis auf die Empfehlung eines Punktesystem durch die Unabhängige Kommission Zuwanderung: »Eine solche Politik revitalisiert koloniale Ordnungen, Arbeitsteilungen und Denkmuster, in denen die Existenz des Anderen nicht zuletzt der metropolitanen Interessen- und Bedürfnisbefriedigung dient.«[52]

Erst Rassismus, so Sascha Zinflou, erlaube auch innerhalb der Ökonomien der Zentren die Einrichtung von wirtschaftlichen Sondersphären, die von gesamtgesellschaftlichen Entwicklungen und Standards teilweise abgekoppelt werden können: »in der Landwirtschaft, im Baugewerbe, in der Sexarbeit, im Gesundheitswesen, in der reproduktiven Arbeit und in der Gastronomie, um nur einige zentrale Bereiche zu nennen. Konkret bedeutet die Abkopplung von Entwicklungen und Standards in diesen Bereichen schlechtere Bezahlung, härtere Arbeitsbedingungen und Schutzlosigkeit für die Arbeiterinnen und Arbeiter.«[53]

Der Eindruck, dass die Gesetze der Wirtschaft als unparteiische Kraft arbeiteten, lässt dabei die Klassen-, ›Rassen‹- und Geschlechterungleichheit als Ergebnis bei der Verfolgung des maximalen Wohlstandes erscheinen, wobei entscheidend der individuell andere Gebrauch von Freiheit ist. Die Existenz von Armut führt scheinbar beständig vor Augen, wohin ein falscher Gebrauch der Freiheit führen kann. In diesem Sinn schreibt Thilo Sarrazin: »Ungefestigte Menschen, die nicht planen, nicht mit Geld umgehen, nicht kochen können und denen es an Willensstärke fehlt«, bräuchten Suppenküchen – und nur solche.[54]

Und dennoch trifft es jene härter, welche von ihrer Identitätszuordnung stärker vom Ideal des Normalen abweichen. Zum einen aufgrund des alltäglichen Rassismus, der bei all dem Gerede über »Integrationsunwilligkeit« und »Leistungsgerechtigkeit« in der Regel unbenannt bleibt; die Internationale Grundschul- und Leseuntersuchung (IGLU) 2006 spricht immerhin von einem nicht unbeträchtlichen Einfluss der sozialen Herkunft auf die Schullaufbahnpräferenzen der Lehrkräfte. Hito Steyerl verweist aber darüber hinaus darauf, dass Foucault rassifizierende Machtausübung ausdrücklich als Bereich bezeichnet, in dem die repressiven Verfahren der Souveränitätsmacht weiter Bestand haben – und jederzeit aktiviert werden können.[55]

Paradoxerweise mache dabei gerade das Scheitern der Migrationskontrolle deren Produktivität für die europäisch-nationalen Volkswirtschaften aus, so Helge Schwiertz. Die bereits außerhalb der europäischen Territorien beginnende Illegalisierung der Migration werde innerhalb der europäischen Nationalstaaten zur permanenten *»deportability«*, wie es der Migrationsforscher Nicolas De Genova nennt: Durch das allgegenwärtige Risiko einer Abschiebung müssten meist besonders schlecht bezahlte und prekäre Jobs angenommen und im Falle der Erwerbslosigkeit oft in ein Herkunftsland zurückgekehrt werden.[56] Diese Selektion als ›Survival of the fittest‹ manifestiert sich an den militärisch gesicherten Grenzen mit einem großen Wohlstandsgefälle sogar ganz wörtlich; so empfand und benannte es mir gegenüber ein Migrant an der mexikanisch-US-amerikanischen Grenze.

## Die ›Great Chain of Cultures‹ in unseren Köpfen

Selbst gesellschaftlich angesehene Menschen of Color sind vor Rassismen auch härtester Art nicht bewahrt; so war monate-, wenn nicht jahrelang das erste Bild der Google-Suche nach Michelle Obama eine zur Äffin gemorphte Darstellung. Solche Waffen sind Weißen im Hintergrund stets verfügbar: Rainer Brüderle wird eben nicht auf rassistische Bilder zurückgreifen, solange er Philipp Rösler als nützlich empfindet; aber er kann es in dem Moment, wo dieser ihm lästig wird. Hier nun scheint sich tatsächlich innerhalb dieser kurzen »Momentaufnahme«, wie ich sie anfangs nannte, etwas zu wandeln: War der Bambusvergleich noch widerspruchslos von Spiegel-Autor Jan Fleischhauer übernehmbar gewesen, so wird nur wenige Wochen später das Ins-Spiel-Bringen des vietnamesischen Hintergrunds von Rösler durch Jörg-Uwe Hahn (pikanterweise Integrationsminister des Landes Hessen) als rassistischer Angriff gewertet. Dieser hatte in einem Interview mit der Frankfurter Neuen Presse am 7. Februar 2013 einfließen lassen, er frage sich, »ob unsere Gesellschaft schon so weit ist, einen asiatisch aussehenden Vizekanzler auch noch länger zu akzeptieren«. Diese Bemerkung erweckte bei vielen den Eindruck, als wolle er damit genau die Diskussion auslösen, die er angeblich problematisierte. Denn manchmal kann Rassismus ganz schön bequem sein – ein angeblich kritisches oder ironisches Anspielen auf rassistische Stereotype vermag es, diese im Diskurs wirkmächtig werden zu lassen, während sich der Sprechende noch nicht einmal als selbst rassistisch gebärden muss.

Die Thematisierung von Of-Color-Sein und Weißsein ist selbstverständlich nicht per se mit Rassismus zu verwechseln. Weiße berufen sich gerne auf die eigene Farbenblindheit, die unserer eigenen täglichen Wahrnehmung entspricht. Wir werden nicht in unserem eigenen Alltag an unsere Hautfarbe erinnert; wenn wir also meinen, nichts »gegen Schwarze zu haben«, so glauben wir gerne, die Dethematisierung dessen wäre antirassistisch. People of Color werden jedoch in ihren alltäglichen Erfahrungen an ihre Hautfarbe erinnert, und eine Dethematisierung dessen entspräche dem Verbot, dies zu problematisieren und dem Gebot, dem weißen Glauben daran, dass wir – von einigen rechten Nazi-Schlägern abgesehen – eine nicht-rassistische Gesellschaft bilden, schweigend zuzustimmen.

Auch die EU-Kommission gegen Rassismus und Intoleranz (ECRI) schreibt in ihrer letzten umfassenden Untersuchung Deutschlands von 2009 von dem »verengten Verständnis von Rassismus«, welches in Deutschland vorherrsche. Selbst die für Integration und gegen Diskriminierung zuständigen Behörden seien nicht nur unterausgestattet, sondern es fehle ihnen auch aus Sicht von Diskriminierungsopfern an Verständnis für deren Perspektive. Ähnlich fragt das UN-Komitee zur Beseitigung von Rassismus (CERD) danach, inwieweit das Fünftel der Bevölkerung mit Migrationshintergrund in die öffentlichen Dienste integriert sei, und rügt den Sprachgebrauch bei Behörden. Auch bei Lehrenden fehle es an Bewusstsein. Kein Wunder, dass die ECRI empfiehlt, dass unter diesen, aber auch bei Arbeitgebenden, Medienschaffenden, innerhalb der Polizei sowie der Staatsanwalts- und auch der Richterschaft Antirassismus-Trainings durchgeführt werden sollten.

Die Schwarze Theoretikerin bell hooks zitiert die Weiße Elizabeth Spelmann mit den Worten: »Weiße halten sich für Nicht-Rassisten, weil sie keine Sklaven besitzen oder Schwarze nicht hassen; das negiert jedoch nicht die Tatsache, dass ein großer Teil dessen, was das weiße Selbstwertgefühl konstituiert, auf dem Rassismus und seiner unfairen Verteilung von Vor- und Nachteilen zwischen Weißen und Schwarzen beruht.«[57]

In den folgenden kurzen Abschnitten wird versucht, dieses unbewusste Überlegenheitsgefühl sichtbarer zu machen – das heißt, auch für uns Weiße. Es folgen Einblicke in die ganz alltägliche Wirklichkeit an Universitäten, in Zügen, an WG-Tischen sowie in unseren Köpfen.



### *Du sprichst fast akzentfrei!*

»Im Laufe meines Lebens ist mir buchstäblich schon tausende Male gesagt worden: ›Sie sprechen aber gut Deutsch!‹ Darauf antworte ich gerne: ›Ich wünschte, ich könnte das auch von Ihnen behaupten!‹«, so Sheila Mysorekar 2012 in einer Rede zum Integrationsgipfel im Bundeskanzleramt. Dies erlebt auch meine Hamburger Studentin Anna van Hoorn nicht anders:

> »Das vermeintliche Lob ›Du sprichst fast akzentfrei!‹ höre ich öfter. Dabei ist Deutsch nicht nur meine Muttersprache, sondern auch die meiner Eltern. Farbe und Kultur verschmilzt in den Köpfen, und zwar automatisch. Also aufgepasst, lieber ›Akzent‹, man hört dich (für immer!).
>
> Menschen sind überrascht, wenn sie mich sehen, besonders wenn sie meinen Namen zuerst vernommen haben. Ich verspüre andauernd, einerseits durch ihre Fragen und andererseits durch ihre Kommentare, dass das Denken in den Köpfen der Menschen linear verläuft und Abweichungen nicht erwünscht sind.
>
> Ich bin eine schwarze Deutsche. Doch wenn ich meiner Umwelt Glauben schenken würde, würde so etwas nicht existieren. Schwarz, ja! Deutsche, nein! Ich bin eine Afrikanerin und nichts anderes. Ich muss auch schon einen Löwen, einen Elefanten, oder ein Nashorn et cetera in natura gesehen haben – dies ist meine Bestimmung. Sowie: ein großes Talent zum Singen und Tanzen!
>
> Aber dass ich gerne viel las, war ›interessant und ungewöhnlich‹.

In meiner Kindheit betrübte mich nichts, gar nichts, schon gar nicht die Farbe meiner Haut. Oder die Hautfarbe meiner Eltern und die meiner ganzen Familie – weiß. 

Doch diese Tage waren gezählt und sie erreichten endgültig ihr Ende, als der Kindergarten und die Schule begonnen hatten. Die ersten Sticheleien der anderen Kinder kamen sehr schnell, vor allem als sie meine Mutter das erste Mal sahen, denn ›das‹, was sie sahen, war nicht normal: ›Wer ist denn immer diese Frau, die dich abholt?‹, fragten sie. Sätze wie, ›das ist nicht normal, das kann nicht sein, sowas gibt es nicht, denn du bist ja dreckig und sie nicht‹, vernahm ich wie ein Echo und sie zerschellten direkt an meinem so kleinen, kindlichen Herzen. War ich also nicht normal, durfte ich eigentlich nicht hier sein, sind meine Gefühle falsch …? Das Problem hierbei ist, dass nicht nur Kinder, sondern auch damals Erwachsene, meist wildfremde Personen mich regelrecht befragten. Fakt ist, die erstrebte Farbe war weiß, bestückt mit einer Stupsnase und seidigem Haar. Alles andere, was der Ideologie nicht entsprach, war arm und bemitleidenswert, dumm und unterentwickelt.

Ich konnte ja sooo froh sein, hier im guten Deutschland zu sein und nicht mehr bei den unzivilisierten Afrikanern sein zu müssen! Diese Ansichten sind höchst aktuell, wie eine Äußerung von dem Vertreter der Körber-Stiftung beim Besuch in einem meiner Seminare an der Hamburger Universität im Jahr 2011 zeigte. Zu der gestellten Frage einer Kommilitonin, ob die Körber-Stiftung auch Förderungen in Afrika leisten würde, antwortete dieser nämlich abwinkend, dass Afrika ›der verlorene Kontinent‹ sei! Hinsichtlich der zugewiesenen Rolle von Afrika, welches die Antithese zu Europa bildet, bin ich folglich ein gerettetes Kind.

Auf dem deutschen Gymnasium begann der Ernst des Lebens, denn neben dem versteckten Rassismus in den Schulbüchern musste ich auch gleichzeitig immer beweisen, dass ich das Recht hatte, hier zu sein. In dieser Zeit bekam ich verstärkt das Gefühl vermittelt, dass ich meine deutsche Identität aufgrund meiner schwarzen Haut verteidigen müsste, sei es bei Praktika oder im Sportverein. Meine Sprache beziehungsweise Aussprache oder Verhaltensform war nebensächlich und meine Haut wurde zum Hauptfaktor, so dass ich oftmals auf meine Hautfarbe reduziert wurde.

Ich war doch glasklar deutsch. Oder?! Wieso sehen die Leute das nicht? Quatsch!!! Das heißt nicht, du bist, was du isst, sondern: du bist, wie du aussiehst!

Leider haben sich die Kommentare der Menschen vom Niveau nicht sehr stark verändert – auch in der Universität nicht. Ich versuche natürlich, dem entgegenzuwirken. Und ich möchte betonen, dass ich stets versuche, freundlich zu bleiben. Allerdings: Inzwischen neige ich stark zu Zynismus ...«

***Das teutonische Kreuzverhör***

Sie finden die Frage, wo jemand herkommt, ganz normal und fragen das Weiße ja auch? Klar. Oder auch nicht. Wie so oft, wird die andere Sicht hierauf erst aus der anderen Perspektive deutlich. Weiße fragen öfter und anders und irgendwie schwingt mit, so freundlich es gemeint sein mag: Du bist nicht von hier.

Das »offenbar immer noch zeitgemäße teutonische Herkunftsverhör« (Kien Nghi Ha) sowie die Top 5 der Antworten beschreibt Mutlu Ergün in den »Geheimen Tagebüchern des Sesperado«, sprich seines Romanhelden Kara Günlük. Eine eindrücklichere Beschreibung gibt es wohl kaum. Noch schöner ist sie natürlich als Ganzes, das muss ich gestehen, auch wenn ich mir erlaube, hier etwas länger zu zitieren: 

»Eigentlich ist dieses Thema ja total abgegessen, ich habe sehr lange darüber nachgedacht, ob ich überhaupt mit dieser Belanglosigkeit mein schönes Tagebuch beschmutzen soll oder nicht. Aber schließlich habe ich mir gedacht: Ach, was soll's, dir ist sowieso gerade langweilig, du hast nichts Besseres zu tun, also schreib einfach über dieses Thema. Du kannst nie wissen ... vielleicht kommt ja doch was an.

Ihr werdet es schon ahnen: Es geht um die völlig sinnfreie, überflüssige, nervige, viel zu häufig jedem P.O.C. [People of Color] in Deutschland gestellte Frage: ›Wo kommst du her?‹

Ich habe mich schon lange nicht mehr unter Weißen bewegt, sodass mir diese Frage seit langer Zeit nicht mehr gestellt worden ist. Aber gestern hat mich Mecnun zu einem Essen mitgenommen und – manchmal gibt es eben kein Entkommen. Mecnuns Weiße Freundin Lena hatte ihn zu einem Abendessen in ihrer WG eingeladen. Ehrlich gesagt hatte ich gar keine Lust mitzugehen, denn Lenas Mitbewohner sind alle Weiß und nicht sehr weise. Aber Mecnun bettelte und flehte; schließlich bot er mir an, den Rasen im Garten meiner Eltern zu mähen, womit ich für den nächsten Monat voll aus dem Schneider wäre. Außerdem ist er mein Cousin, also habe ich ihm den Gefallen getan. Natürlich bin ich für solche Fälle vorbereitet. Mein Lyrical-Guerilla-Arsenal an Antworten ist bis zum Anschlag gefüllt. Ich mache keine Gefangenen.

... kaum hatten wir mit dem Essen angefangen – mein erster Bissen lag gerade auf der Gabel – da geschah es, das Unfassbare, dieser Affront gegen jegliche interkulturelle Etikette. Einer stellte die scheinbar banale, aber im Weißen Unterdrückungssystem fest verankerte Frage: ›Wo kommst du her?‹

Mecnun ging in Deckung; Lena hätte sich vor Schreck beinahe verschluckt. Aber den Sesperado bringt nichts so leicht aus der Fassung ...

Aber zunächst eine theoretische Einführung ins Thema. Was meint der gemeine Teutone mit dieser Begrüßungsformel: ›Wo kommst du her?‹ Hinter dieser Frage verbirgt sich kein wohlmeinendes Interesse. Um die germanische Denkweise zu veranschaulichen, verwende ich den neandertalischen Satzbau. ›Wo kommst du her?‹ bedeutet: ›Du nicht Weiß. Weil du nicht Weiß, du nicht sein kannst deutsch. Also: Wo kommst du her? Ich sein Weiß, ich schon vorher hier, du gekommen später. Weil ich schon vorher hier, ich mehr Rechte.‹ Außerdem impliziert die Frage ›Wo kommst du her?‹ gleich die zweite Frage: ›Wann gehst du wieder zurück?‹

Natürlich müssen die Strategien im P.O.C.-Guerillakampf gegen die Weiße/westliche Hegemonie verbreitet werden. Also, hier sind sie, meine Top 5, die fünf besten Antworten auf die kolonial gefärbte Frage ›Wo kommst du her?‹.

Platz 5:

›Wo kommst du her?‹

›Aus Berlin. Und Du?‹

›Ähm ...‹ Und dann frage ich die Frager aus. Nach ihren Eltern, Großeltern, Schwägerinnen väterlicherseits, angeheirateten Großtanten und Cousins dritten Grades. Ich betreibe intensive Ahnenforschung bis in die zwölfte Generation. Wenn die Leute dann ihren arischen Stammbaum bis auf die Unterhose vor mir ausgebreitet haben, keimt in ihnen manchmal die Hoffnung auf, auch von mir zu erfahren, woher ich komme. Doch wenn sie ihre Frage wiederholen, dann sage ich nur kühl, das sei viel zu persönlich.«

Antworten Platz 4, 3 und 2 muss ich leider aus Platzgründen verschweigen, doch Platz 1 – das, was Lenas Mitbewohner an den Kopf geworfen bekommt – kann natürlich nicht vorenthalten werden:

»Also, hier ist sie, die Nummer Eins, Best of Five, die ultimative Antwort auf die Frage ›Wo kommst du her?‹

›Aus Mama!‹«

***Was verschleiert das Kopftuch?***

Das muss man ja noch sagen dürfen: Es ist eine Religion der Männer. Frauen dürfen keine geistlichen Ämter bekleiden; wenn sie sich für ein religiöses Leben entscheiden, dann abgeschieden von den Patriarchen, mit Kopftuch und langem wallendem Gewand. Wenn Frauen vergewaltigt werden, wird ihnen die Abtreibung verweigert. Das ›Buch der Bücher‹ ist voll von Anweisungen an die Frau, dem Manne Untertan zu sein; anders als dieser sei sie nicht als Gottes Ebenbild erschaffen worden: »Der Mann darf sein Haupt nicht verhüllen, weil er Abbild und Abglanz Gottes ist; die Frau aber ist der Abglanz des Mannes.«

Das steht im 1. Korintherbrief, 11,7; Neues Testament. Denn schon klar, dass es um die römisch-katholische Kirche geht, oder?

Nun, sicher, es gibt auch liberalere Formen – Vergewaltigungsopfern wird nicht überall der Abbruch verweigert, sondern nur beispielsweise in Irland, Mexiko und deutschen katholischen Krankenhäusern. Aber auch die Beschneidung von Frauen ist nur eine regionale Tradition, die überdies nicht im Islam selbst begründet liegt. Und nicht alle Musliminnen tragen ein Kopftuch. Und nicht alle emanzipierten Frauen tragen keins.

»Das Kopftuch ist ein Stück Stoff. Wir reden nicht über dessen Form, Farbe und Qualität oder Art des Tragens. Also wird hier nicht direkt über das Kopftuch gesprochen. Vielmehr scheint das Wort als Kode zu fungieren. Ein Kodewort hat die Funktion zu verschleiern, eine unausgesprochene Bedeutung zwischen Sprechenden auszutauschen. Was verschleiert der Begriff Kopftuch?«

So fragt Mariam Popal und zitiert bell hooks: »Da die ersten Menschen auf dem Planeten Erde Nichtweiße waren, ist es unwahrscheinlich, dass weiße Frauen die ersten waren, die sich gegen männliche Unterdrückung wehrten.« [58] Nichtsdestoweniger würden in der Debatte um das Kopftuch die Überlegenheitsgefühle des weißen Feminismus deutlich, so Popal: Der weiße deutsche Diskurs bespreche unter dem Stichwort ›Kopftuch-Debatte‹ das Leben und den Körper der muslimischen Frau, als könne diese nicht für sich selbst sprechen.

Es ist bekannt, dass sich Hausfrauen von oben herab behandelt fühlen, wenn erwerbsarbeitende Geschlechtsgenossinnen ihnen zu verstehen geben, dass sie unemanzipiert leben. Warum aber werden nicht ihre Ehemänner als besonders unterdrückerische Exemplare ins Visier genommen? Warum wird nicht diskutiert, das Hausfrauendasein schlichtweg zu verbieten? Und warum erschiene es uns absurd, wenn in einem Buch zum Thema die Herausgeberin erst auf Seite 175 fragen würde: »Was sagen eigentlich die Hausfrauen selbst zu diesem Streit und zu einem Verbot, zu Hause zu bleiben?« [59]

Auch Alice Schwarzers Zeitung Emma spricht entgegen ihrer üblichen Haltung jenen Frauen, die sich für das Kopftuch entscheiden, das Selbstbestimmungsrecht ab. Hierauf verweist Schahrzad Farrokhzad, und Constantin Wagner ergänzt in einer Studie über diskriminierende Darstellungen von Muslima und Muslimen in deutschen Medien; stattdessen komme es zu einem Topos der Bedrohung: Die als Opfer stilisierte Muslima werde gleichzeitig zur Täterin, zum Symbol der Unterwanderung abendländischer Kultur, indem das Kopftuch als äußeres Zeichen der Ablehnung westlichen Kultur- und Demokratieverständnisses gelesen werde;[60] wörtlich heißt das bei Schwarzer »Flagge des Islamismus«. Yasemin Shooman bezieht sich hierauf, als sie klarstellt, dass der Mörder von Marwa el-Sherbini, die 2009 im Dresdner Landgericht erstochen wurde, sein späteres Opfer nur deshalb als »Islamistin« und »Terroristin« beschimpfen konnte, weil er über entsprechendes gesellschaftliches Wissen verfügte, das ihm die Einordnung des Kopftuchs der Frau als Symbol für Islamismus und Terrorismus erlaubte.[61]

Natürlich passen viele Muslima – und das ist wohlgemerkt keine ethnische Einordnung, sondern gemeint ist das Bekenntnis zum Islam – nicht in das stereotype Bild ›der Kopftuchträgerin‹. Häufig werden sie dann allerdings gar nicht mehr als solche wahrgenommen.

Ein türkischer Film, der in Istanbul spielt, rief die Kritik einer deutschen Zuschauerin hervor: Die Filmschaffenden täten ja so, als seien in Istanbul gar nicht alle Frauen verschleiert! Nicht, dass sie jemals in der Türkei gewesen wäre. Vom notwendigen Widerstand gegen »die Bilder, die stärker als die Realität sind«, spricht Sheila Mysorekar in ihrer »Poesie des Überlebens«.[62]

Letzteres trifft auch auf die Wahrnehmung zu, das türkische Familienmodell sei rückständig, die Frauen dürften bis heute nicht erwerbstätig sein. Tatsächlich sind in der Türkei 12 Prozent der Vorstandsmitglieder weiblich (Deutschlands kommt gerade mal auf 3,2 Prozent) und ein Viertel der Professuren sind von Frauen besetzt (in Deutschland: weniger als ein Fünftel); insbesondere an Eliteuniversitäten.[63] Eine von diesen ist İpec İlkkaracan, Ökonomie-Professorin an der Istanbuler Technischen Universität, die in einer Studie von 2012 zeigt, dass es zu der Verbreitung des westlichen Familienernährer-Modells erst mit der (zunächst importsubstituierenden) Industrialisierung kam: Die geschaffenen Jobs waren Männerjobs, nicht Frauenjobs. Mit der Exportorientierung kam es dann zu einer ›Feminisierung der Arbeit‹; dies bedeutete zwar mehr Beschäftigung für Frauen, allerdings – wie auch guter deutscher Tradition entsprechend – auf dem Lohnniveau von ›Zuverdienerinnen‹. Ähnliche Effekte sieht İlkkaracan nicht nur für die gesamte MENA-Region, also den Nahen Osten und Nordafrika, sondern, mit Verweis auf weitere Studien, für die gesamten Länder mit sogenannter nachholender Entwicklung.

In ihrer Analyse der Kopftuchdebatte zitiert Mariam Popal Heide Oestreich: »Dass Deutschland eine so vehemente Debatte führt, liegt auch daran, dass dieses Land keine Tradition der Integration von religiösen Minderheiten hat.« Darauf bemerkt Popal lakonisch: »Deutschland hat allerdings eine Tradition der Ausgrenzung ›religiöser Minderheiten‹.«[64] Constantin Wagner und Sabine Schiffer halten bei ihrer Analyse des antimuslimischen Rassismus in Deutschland »bisweilen erschreckende Parallelen« zum Antisemitismus für »unverkennbar«; insbesondere in der Imaginierung als »innerer Feind«, als Element, das »gesunde Kollektive zerstört«. Ihnen geht es dabei ausdrücklich nicht um eine Relativierung des Holocausts, sondern darum, rassistische Mechanismen zu erkennen, bevor es auch nur ansatzweise zu einer vergleichbaren Situation kommen könne. Muslime und Muslima aber seien gegenwärtig öffentlich akzeptiert offen diskriminierbar wie keine andere Gruppe.

So ergab eine Studie der Friedrich Ebert-Stiftung aus dem Oktober 2010, dass 58,4 Prozent der Befragten eine ›erhebliche Einschränkung der Religionsausübung‹ muslimischer Gläubiger befürworten.[65] – Nora Räthzel bemerkt:

»Interessant ist, dass die rassistische Argumentationsweise Sarrazins erst dann in aller Breite diskutiert wurde, als er behauptete, Juden hätten ein Intelligenzgen. Offenbar müssen Menschen einer Bevölkerungsgruppe erst einer Vernichtungspolitik unterworfen worden sein, bevor deutsche Intellektuelle erkennen, wann ihre Charakterisierung rassistischer Logik folgt. Das erinnert an ein Gerichtsurteil aus den 1980er Jahren, in dem entschieden wurde, der Slogan ›Türken raus‹ erfülle im Gegensatz zum Slogan ›Juden raus‹ nicht den Tatbestand der Volksverhetzung, da die Juden Opfer einer Massenvernichtungsaktion geworden seien, die Türken aber nicht.«[66]

***›Schläfer‹***

Insofern ist es nicht gegen alle weißen Verhaltensrepertoires ausreichend, sich schlagfertige Antworten auszudenken. Sich als jemand mit einem Äußeren, welches den Klischees eines Arabers entspricht, in den Öffentlichen Nahverkehr zu bewegen, ist gefährlich. Dabei nicht luftig bekleidet zu sein, kann tödlich enden. So erging es dem Brasilianer Jean Charles de Menezes 2005 als er mit der Londoner U-Bahn zur Arbeit fahren wollte. Dort kam er nie an. Er wurde von Beamten in Zivil mit sieben Schüssen aus nächster Nähe durchsiebt. Die Polizei rechtfertigte ihr Vorgehen damit, die Verfolger hätten vermutet, dass es sich bei Menezes um einen Terroristen handelte, der eine Bombe trug. Als Begründung diente unter anderem die »ungewöhnlich dicke« Bekleidung und das südländische Aussehen des jungen Mannes. Scotland Yard verteidigte ihre Strategie des »finalen Rettungsschusses« für diese Fälle als »alternativlos«. Mit anderen Worten: Wer gewissen Stereotypen entspricht, hat sein Recht auf bürgerliche Rechte verwirkt – inklusive einem Gerichtsverfahren vor seiner Hinrichtung.

Wenn ich mit einem guten Freund öffentliche Verkehrsmittel benutze, muss ich manchen Umweg in Kauf nehmen: Keine zehn Pferde bringen ihn dazu, an bestimmten Bahnhöfe auszusteigen oder bestimmte Zuglinien zu benutzen. *Racial profiling* heißt die Praxis, Kontrollen an äußere Merkmale zu knüpfen. Sascha Zinflou argumentiert anschaulich: Werde eine Person fälschlicherweise Opfer von Polizeibeamten, so könnten diese damit rechnen, dass die Projektion auf den vermeintlichen Drogendealer oder Terroristen verstanden und die von ihnen vorgenommene Zuordnung ihres Opfers zu dieser Gruppe als verständlicher Irrtum angesehen werde. Sei jedoch umgekehrt ein Individuum der Auffassung, alle weißen Polizisten wären potenzielle Feinde, und griffe aus dieser Motivation heraus einen Bahnschaffner an, dann würde es diesem Individuum bei der Verhandlung mit dieser Erklärung wohl kaum gelingen, Sanktionen zu entgehen. Und keinesfalls gelänge es ihm, eine gemeinsame Lebensrealität von Bahnschaffner und Polizeibeamten herzustellen. Genau dies aber sei der Fall im Kontext rassistischer Handlungen: »Im Rahmen des ›Krieges gegen den Terror‹ haben die rassistischen Selektionsmechanismen – von der Rasterfahndung bis hin zur inoffiziellen Auswahl der an Bahnhöfen zu kontrollierenden Personen, mittels derer Menschen unter Terrorverdacht geraten sind – sehr wohl eine gemeinsame Lebensrealität von Menschen erschaffen, die vorher nicht viel mehr miteinander gemein hatten, als äußerlich in ein Bild zu fallen, auf das sich eine nahöstliche Herkunft projizieren lässt.«[67]

Als Ende 2012 eine Bombe im Bonner Bahnhof gefunden wurde, gab es nicht nur sofort Zeugen, die einen »dunkelhäutigen« Mann beobachtet hatten, wie er die Tasche ablegte (die Überwachungskamera filmte nur einen Weißen), sondern dieser wurde von den Sicherheitsbehörden auch ohne Zögern als ein »al-Qaida-Verbindungsmann« identifiziert. In den Medien wurde diese ›Information‹ teilweise mit passenden Artikeln serviert, zum Beispiel »›Hüter der Religion‹ verfangen mit einfachen Antworten«.[68] Wenige Wochen später war alles nicht mehr so klar; nicht nur hatte die Bombe keinen Zünder, sondern es wies auch nichts auf einen islamistischen Ursprung hin.



Wenn wir all die Falschalarmmeldungen abziehen und wenn wir den Gedanken zulassen, dass auch dann, wenn eine isolierte Gruppe sich al-Qaida zugehörig fühlt, wie das auf die mutmaßlichen Selbstmordattentäter (allerdings ausgestattet mit Parkscheinen und Rückfahrtickets) des Anschlags in der Londoner U-Bahn mit 56 Toten zutreffen soll, dies womöglich gerade aufgrund der öffentlichen Stilisierung al-Qaida als der ultimativen Möglichkeit, sich an der bestehenden Gesellschaft zu rächen, liegt – hätten wir dann noch etwas zu fürchten? Könnten wir uns ernsthaft vorstellen, es gäbe keine Bedrohung, die zahlenmäßig dem täglichen Tod im Straßenverkehr auch nur nahe kommt? Was täten wir? Alle Waffen vernichten? Uns nicht von der Innenpolitik ablenken lassen? Oder ist es vielleicht wie bei Orwells »1984«, wo »Ozeaniens« Feindschaft mit »Eurasien« und »Ostasien« ihre Funktion im System zu erfüllen hat?

## The West is not the best, oder: Über den westlichen Tellerrand hinaus

Diese Liste der Aktualität des Weißen Überlegenheitsgefühls wäre noch um einiges zu verlängern: Darum, wie sich gut situierte autochthone Frauen (und fehlt die Frau im Haus: auch Männer) ihrer Hausarbeit ebenso wie des Streits um den Abwasch mit ihren besseren Hälften entledigen können, indem sie migrantisierte Hausmädchen einstellen – denn auch, wer in der Heimat studiert hat, bekommt dies hier noch lange nicht anerkannt. Und das Beste daran: das gute Gefühl, diesen armen Frauen geholfen zu haben!

Oder um die Situation von Flüchtlingen. Unter der Überschrift »Das koloniale Unrecht muss aufhören – jetzt!« schreibt am 3. Februar 2013 Miloud L. Cherif:

> »Die ›Asylgesetzgebung‹ hat mich und meine Frau schockiert an dem Tag, als wir als Flüchtlinge in Deutschland ankamen. Das rassistische Verhalten und die Blicke der Beamten und Behördenleiter waren dazu da, uns vorzuwerfen, dass wir nach Deutschland geflohen waren. Während wir von einem Lager zu dem nächsten Lager verschoben wurden, entdeckten wir mehr davon, wie Flüchtlinge in Deutschland behandelt werden. Die Briefe zur Abschiebung kamen und kommen immer noch. Wir sahen andere Flüchtlinge abgeschoben werden, was unser Leben zum Horror machte und andere Flüchtlinge unter extremen Druck setzte. Viele sahen den einzigen Ausweg aus den Leiden, sich das Leben zu nehmen, andere sind psychisch zerbrochen.«[69]

Während ich dieses Buch schreibe, kämpfen Flüchtlinge in Deutschland und Österreich mit Protestmärschen, Widerstandscamps und Hungerstreiks seit über einem Jahr verstärkt gegen ihre Entrechtung. Begonnen hatte dies nach der Selbsttötung von Mohammad Rahsepar, der sich am 29. Januar 2012 in seinem Zimmer im Asylbewerberheim in Würzburg erhängt hatte. Für seine Mitbewohner ist klar, dass ihn das hoffnungslose Leben im Isolationslager in den Tod getrieben hat.

Oder wenn mit Drogenhandel ›die Anderen‹ assoziiert werden und sich fast niemand erinnert, dass die letzte deutsche Kolonie, Kiautschou an der chinesischen Küste, 1897 nur deshalb genommen werden konnte, weil China seit siebenundfünfzig

Jahren mit einer steten Abfolge von Kriegen durch Großbritannien und andere Kolonialmächte überzogen worden war, mit denen erzwungen wurde, dass Opium ins Land geliefert werden durfte. Und, natürlich, darüber hinaus: Gebiete abzutreten, einseitigen Freihandel zuzulassen sowie ›Kriegsentschädigungen‹ in Höhen zu zahlen, die, zumal aufgrund der sich verschlechternden wirtschaftlichen Position, nicht zu tragen waren, weshalb China in eine Verschuldungsspirale getrieben wurde und immer mehr Wirtschaftsbereiche an den Westen abtreten musste. So wurde aus einem mächtigen autarken Staat eine verarmte, halb kolonialisierte Gesellschaft gemacht.

# Epilog

## Jenseits von Sansibar

Deutsche Kolonien im heutigen Papua-Neuguinea, in Togo, Kamerun, Namibia, Tansania und jetzt schließlich auch noch Kiautschou in China kamen im Laufe dieses Buchs zur Sprache. Nur Sansibar nicht. Warum? Nun, es wurde nie von Deutschland besessen – im als ›Tauschvertrag‹ bedauerten Helgoland-Sansibar-Pakt mit Großbritannien verzichtete Deutschland lediglich darauf, Gebietsansprüche auf diese vormals dem Omanischen Sultanat zugehörige Insel zu erheben. Aber es kann an dieser Stelle gut als Beispiel für die vielen kolonialen Mythen dienen, die im Alltagsverstand vorherrschen.

Und dazu gehört nicht zuletzt die Ignoranz all dessen, was jenseits der eigenen Lebens- und Wirtschaftsweise liegt. In dem, was von heutigen Bewegungen aus dem Globalen Süden als »Klimakolonialismus« gefasst wird, wiederholt sich der Mythos vom ›leeren Land‹: Viele ›brachliegende‹, ›ungenutzte‹ Landflächen werden derzeit für erneuerbare Energien kommerzialisiert und ›produktiv‹ gemacht. So in Mosambik, wo jährlich 100 000 Hektar Wald abgeholzt werden für ein Biomassekraftwerk in Wales, das ein Drittel der walisischen Haushalte mit Strom versorgen kann. Der Wald wurde bereits eingezäunt und damit den Menschen vor Ort die Möglichkeit genommen, dort Feuerholz, Tee, Pilze, Früchte, Gewürze oder Heilpflanzen zu sammeln.[70]

Ein anderes Beispiel ist der Kampf einer Gemeinschaft in Oaxaca, Mexiko: Bettina Cruz Velázquez berichtete im Frühjahr 2012 auf einer Rundreise durch Europa, dass die landwirtschaftlichen Flächen ihres Dorfs, die durch die mexikanische Revolution als unveräußerbare *ejidos,* also Allmenden, erkämpft, jedoch seit dem Beginn der Nordamerikanischen Freihandelszone wieder privatisierbar wurden, gerade den Windrädern eines Stromkonzerns weichen müssen. Zu diesem Zweck wird zudem der Wald gerodet, dessen Früchte die Menschen essen (insbesondere Pitayas), und im Meer, von dessen Fischen sie leben, werden Offshore-Anlagen aufgestellt.

Ihrer Lebensgrundlagen beraubt, bleibt den Menschen hier und anderswo meist nur die Flucht in die Slums – wo sie dann Geld benötigen und hierdurch vielleicht die 1,25-US-Dollar-pro-Tag-Marke übertreffen (was die Hungerstatistiken gut aussehen lässt), ihnen aber dennoch weniger für ein gutes Leben zur Verfügung steht als zuvor. Dies sind nur zwei Beispiele von vielen möglichen, die zeigen: Auch heute noch kommt es zur Verkennung anderer Wirtschaftsweisen. Nur heute heißt das *green growth,* und dient der Erhaltung unseres Lebensstandards unter grünem Vorzeichen. Und hier ist wieder das Unser vom Anfang: das Wir, das ›die Anderen‹ impliziert und gleichzeitig ausschließt.

Es geht bei Rassismus nicht um Differenz. Das zeigen die Beispiele der Judenverfolgung, die Diskriminierung von Iren und

Irinnen im 19. Jahrhundert als »weiße Neger« und viele andere unschöne Beispiele mehr: Wo keine Unterschiede bestehen, werden welche konstruiert – was sowohl ›imaginiert‹ heißen kann als auch: ›wahr gemacht‹. Vielmehr geht es um koloniales Denken, welches sich darum dreht, Privilegien sichern und legitimieren zu wollen.

Die in der ›Achse des Bösen‹ verbildlichte Bedrohung durch ›die Anderen‹ (die in diesem Fall auch auf Ölquellen sitzen) stellt nur die eine Variante dar. Die andere, auch unter Gutmenschen anzutreffen und nicht ganz so leicht erkennbar, entspricht der Great Chain of Being, also der Infantilisierung der Anderen und der weißen Gewissheit, selbst in der Geschichte schon fortgeschrittener zu sein. Susan Arndt schreibt dazu:

> »Die Lust am Kolonialismus stellte sich in der Selbstrechtfertigung als ›Last und Bürde des weißen Mannes‹ dar, der nicht anders konnte, als den Rest der Welt an seinen ›Segnungen‹ teilhaben zu lassen, d. h. den Rest der Welt zu ›zivilisieren‹, sprich: zu ›normalisieren‹. Dabei inszenierte sich Europa als [...] einzig existierendes handelndes Subjekt der Geschichte. [...] Den ›Anderen‹ aber fehlte es, so die weiße Botschaft, an Geschichte, und deshalb auch an Zukunft, oder, wie es Hegel ausdrückte: »wie wir sie heute sehen, sind sie immer gewesen«. Diesen angeblichen Stillstand der Geschichte aufzuheben, hatte sich die weiße Welt aufgebürdet – so jedenfalls sah sie es selbst. In diesem Verständnis von ›Geschichte machen‹ meint dies automatisch, zu handeln, verändern, denken, rationalisieren, herrschen, ›erziehen‹ und zu ›zivilisieren‹ – wobei Weißsein in einer gedachten Prozentskala als Einhundert, als förmlich naturgegebenes Axiom fungiert. Alles, was nicht dem Idealtyp entspricht, fällt aus der gesetzten Norm heraus, ist aus der Perspektive eines Master-Signifiers

Weißsein heraus zu debattieren, zu klassifizieren, zu organisieren, zu zivilisieren. Das Axiom selbst entfaltet ein Eigenleben, das alles und jedes zu definieren, zu okkupieren, zu beherrschen, zu verändern und zu objektivieren sucht.«[71]



Dieses Eigenleben aber hat auch uns selbst erfasst. In diesem Sinn ist der Homo oeconomicus als Ausdruck einer Gouvernementalität oder ›Regierungsweise‹ zu begreifen, welche sich im Neoliberalismus, aber zwischen Rassismus, Sexismus und anderen Herrschaftsverhältnissen herausgebildet hat, und welche Verhaltensmuster vorschreibt; dies mag zwar einige Identitäten begünstigen, letztlich ›unterwirft‹ es aber alle Subjekte – denn auch die Privilegiertesten müssen sich den Vorgaben entsprechend verhalten, um die gesellschaftliche Anerkennung zu behalten.[72] Freiheit ist etwas anderes.

Sicher erschöpft sich Rassismus nicht in der Angst, in dieser Great Chain of Success selbst auf den Platz »Counsel Out/Aussortieren« zu rutschen – oder, wie in der US-Telekom-Tochter, als sichtbares Zeichen der minderwertigen Leistungsfähigkeit eine Eselskappe aufgesetzt zu bekommen.[73] Aber sicher ist Rassismus auch nicht unabhängig davon. Und womöglich ginge es uns allen besser, wenn wir aufhörten, uns und andere nach Wertigkeiten zu beurteilen. *»The only race is the rat race«,* lautete ein Graffito in London – leider unübersetzbar, aber zumindest mit *rat race* versuche ich es: erbarmungsloser Wettlauf unter Nachfahren von Ratten um das Stück Käse in der Lebendfalle.

## Privilegien verlernen! Und das Überlegenheitsgefühl in den Mülleimer

Nein, es reicht nicht, sich einmal des eigenen Rassismus bewusst zu werden, und ihn dann abzustellen. »Die Schwierigkeit, nicht rassistisch zu sein« lautete der sehr passende Titel eines Buches aus dem Jahr 1986.[74] Es ist ein Prozess, in dem verdammt viel verlernt werden muss. Das geht offensichtlich nicht aus der rein weißen Perspektive heraus.

Die postkoloniale Theoretikerin Gayatri Chakravorty Spivak spricht von ›Privilegien verlernen‹. Dies bedeutet erstens, die weiße Perspektive nicht für die bessere und nicht für die einzige zu halten: Sich also das Überlegenheitsgefühl abzuschminken, es auf den Müllhaufen der Geschichte zu schmettern, und in einen wahrhaftigen Austausch zu treten, um das weiße Wir in ein nicht ausschließendes Wir zu transformieren.

Zweitens gilt es, ›Privilegien verlernen‹ noch in einem anderen Sinn zu verstehen: dass Privilegien nämlich gar keine Privilegien sind. Oder anders: dass Privilegien immer vergiftet sind. Das hört sich verdammt nach Gutmenschentum an? Dann eine kleine Hilfsfrage: Wären Sie gerne Sklavenhalter?

So wie Richard Wilkinson und Kate Pickett in ausführlichen Statistiken belegen, dass auch die angeblich privilegierten Reichen in sozial ungleichen Gesellschaften kränker, depressiver, früher tot und so weiter und so fort sind, dementsprechend gilt vielleicht, dass Menschen einer Gesellschaft kaum wirklich glücklich sein können, wenn sich diese über Ausschluss konstituiert. Wilkinson glaubt sogar, dass alle Menschen in ihrem Inneren sich eine Gesellschaft wünschen, in der Ungleichheit beseitigt ist – und er hofft auf das Coming-out.[75] Sicher, das ist bewusst naiv, aber vielleicht hat er auch nicht ganz unrecht.

Die Liebe auf den ersten Blick will ich meinen Großeltern gar nicht absprechen. Spätestens vierzig Jahre später – als ich sie kennenlernte – wirkten sie wie ein Paar, das füreinander geschaffen war. Und dennoch frage ich mich im Geheimen, ob mein Großvater im Lauf der folgenden zwei Jahre ohne Kolonialismus nicht doch erkannt hätte, dass er, wie es immer hieß, auf der Insel Mafia nicht nur drei weitere Familien als Nachbarn und Nachbarinnen hatte, sondern einige tausend: Menschen, mit denen sich leben, lachen und lieben lässt.



Vielleicht ist es ja irgendwo in uns, dieses Etwas, das weiß: Der Kolonialismus muss raus aus den Köpfen. Um die Emanzipation von uns allen zu ermöglichen.

# Anhang

1 Häufig werden die Adjektive ›Schwarz‹ und ›Weiß‹ großgeschrieben, um zu markieren, dass ihnen nichts Natürliches anhaftet. Da jedoch jede Identität konstruiert ist, und ich demnach auch ›weiblich‹, ›männlich‹ et cetera großschreiben müsste, verzichte ich bei ›weiß‹ auf diese Kennung; bei ›Schwarz‹ übernehme ich sie aus Respekt für den darin symbolisierten Kampfbegriff. Der postkoloniale Theoretiker Stuart Hall, welcher die Bezeichnung ›schwarz‹ in seiner Heimat Jamaika als Kind gar nicht kannte und sich erst nach seiner Einwanderung nach Großbritannien damit stigmatisiert fand, erlebte die Aneignung dieses ursprünglich negativ konnotierten Ausdrucks in den 1970er Jahren von allen Nicht-Weißen als ›gewaltige Revolution‹: »Sie sagten: ›Unsere Hautfarben mögen zwar unterschiedlich sein, aber angesichts des sozialen Systems, angesichts des politischen Systems des Rassismus gibt es zwischen uns mehr Gemeinsames als Trennendes‹« (Hall 1991, S. 81). Zudem hat sich im angelsächsischen Sprachraum der Begriff *People of Color* als politischer Begriff durchgesetzt, der auch im Deutschen zunehmend verwendet wird.

2 Vgl. Emily Walton: Was ist eine Frau? In: Heureka. Das Wissenschaftsmagazin des Falter, 13/2010, S. 14 f.

3 Die wörtlichen Zitate von meinem Großvater sind dem von ihm verfassten ›Familienbuch‹ entnommen.

4 Als Deutsche werde ich mich des Öfteren auf diesen Kontext beziehen.

5 Institut für interdisziplinäre Konflikt- und Gewaltforschung der Universität Bielefeld: Deutsche Zustände in Zeiten der Krise,

Presseinformation zur Präsentation der Langzeituntersuchung Gruppenbezogene Menschenfeindlichkeit; www.uni-bielefeld.de/ikg/download/pressehandout_gmf_2009.pdf, S. 4, 2009

6 Mysorekar 2007a, S. 163

7 Der Spiegel 3/2013, S. 24–27

8 Am 27. Januar 2013 in der ARD

9 Die Medienschaffenden begründen ihren Zusammenschluss folgendermaßen: »Die Vielfalt unserer Einwanderungsgesellschaft findet sich weder in der Berichterstattung noch in den Redaktionsräumen wieder. Jeder fünfte Einwohner im Land besitzt einen sogenannten Migrationshintergrund, aber nur jeder fünfzigste Journalist. Auch in den Ausbildungsgängen sind Nachwuchskräfte nicht-deutscher Herkunft deutlich unterrepräsentiert«; www.neuemedienmacher.de

10 Mysorekar 2007a, S. 164

11 Mysorekar 2007a, S. 163 f. SSS = Skinheads Sächsische Schweiz, seit 2001 verbotene Vereinigung

12 www.welt.de/politik/deutschland/article13725571/181-Todesopfer-durch-rechte-Gewalt-in-Deutschland.html

13 Guillaumin 1995, S. 107

14 Vgl. taz vom 4. Januar 2013

15 www.zeit.de/2012/52/Kristina-Schroeder-Interview/seite-2

16 www.kinderwelten.net/pdf/tagung/Pippi_Langstrumpf-Emanzipation_nur_fuer_weisse_Kinder.pdf; dieses sowie Jörges zunächst zitiert nach Jeannine Kantara; www.zeit.de/2013/01 Kristina-Schroeder-Sprache-Rassismus

17 www.tagesspiegel.de/kultur/koloniale-altlasten-rassismus-in-kinderbuechern-woerter-sind-waffen/7654752.html

18 Alan Posener: Wo die ausgestreckte Hand des Westens verbrennt; www.welt.de/kultur/article109217261/Wo-die-ausgestreckte-Hand-des-Westens-verbrennt.html

19 Knut Mellenthin, Die Bürde des Weißen Mannes. In: Junge Welt, 27. September 2012

20 Mellenthin, ebd.

21 Die folgenden vier Abschnitte beruhen auf meiner Dissertation (Habermann 2008). Dort finden sich eine ausführlichere Darstellung der hier skizzierten Entwicklungen sowie die jeweiligen Quellenangaben im Detail. Einige wesentliche Werke finden sich in der Literaturliste (Bitterli 1976; Demny 2001; Finzsch/Horton/Horton 1999; Hund 1999 u. 2006; Jordan 1968; Marshall/Williams 1982; McClintock 1995; Mosse 1978; Schiebinger 1993).

22 Finzsch/Horton/Horton 1999, S. 152

23 Vgl. Terkessidis 1998, S. 94

24 Finzsch/Horton/Horton 1999, S. 338

25 So in der 2005 ausgestrahlten ZDF-Dokumentation »Deutsche Kolonien«, Teil 2: »Afrika brennt«; http://dokujunkies.org/dokus/geschichtepolitik/deutsche-kolonien-dtv-xvid.html

26 So in der Einleitung des von diesen herausgebenen Bands »re/visionen«, 2008, S. 15

27 Hund 2006, S. 48

28 Von denselben Männern, über die Anfang 2013 der deutsche Spielfilm »Die Männer der Emden« in die Kinos kommt, welcher diese als Gentlemen stilisiert; vgl. Christoph Gunkel 2013

29 Diese von der UN-Agrarorganisation FAO sowie der Deutschen Welthungerhilfe berechnete Zahl machte die taz bereits am 11. Juni 2002 zu ihrer Hauptschlagzeile – damit hinterfragend, dass diese Katastrophe aufgrund ihrer ›Normalität‹ an anderen Tagen keine Schlagzeile wert ist. Stattdessen gilt: Im Süden nichts Neues. Seit der Hungerkrise im Jahr 2008 hat sich die Situation dauerhaft verschlimmert; beispielsweise lag der weltweite Preis von Mais, Grundnahrungsmittel für unzählige Arme, Ende 2011 sogar höher als während dieser Krise.

30 Davis 2001, S. 50

31 Ebd., S. 41

32 Vgl. Ziegler 2008, S. 160 f

33 Ebd., S. 159

34 www.fao.org/docrep/012/al390s/al390s00.pdfWer die Zahl der Hungernden beständig verfolgt, kann allerdings über einen plötzlichen Wandel in der Zählung von 2012 nur überrascht sein: Nicht nur fällt erstens das Ergebnis mit 870 Millionen im Vergleich zu den Vorjahren relativ moderat aus, sondern zweitens taucht auch die Hungerkrise von 2007–2010 gar nicht mehr als temporärer Anstieg auf – das hätte doch mal jemand den Hungerprotestlern sagen können: Die hatten sich nämlich einfach in der Statistik geirrt! Und drittens konnte noch rechtzeitig vor 2015 die Zahl der Hungernden im Basisjahr 1990 von 850 Millionen auf fast eine Milliarde hochkorrigiert werden – und schwupps sind wir den Millenniumszielen gleich viel näher gekommen! Vgl.: www.fao.org/docrep/016/i2845e/i2845e00.pdf

35 Butler 2009, S. 436

36 Es ist das Verdienst des Journalisten Karl Rössel und anderer im Team von Recherche International (»Unsere Opfer zählen nicht«, 2005), endlich und erstmals umfassend die Geschichte der ›Dritten Welt‹ im Zweiten Weltkrieg aufgearbeitet zu haben – während sich in Schulbüchern (beispielsweise »Forum Geschichte«) noch immer Statistiken über »Die Toten des Zweiten Weltkriegs« finden, die nach »5 250 000 Opfer in Deutschland« (an erster Stelle) und »20 600 000 in der Sowjetunion« zwar alle Verluste europäischer Länder bis hin zu den »1400 Opfern in Dänemark« auflisten, aber selbst die 21 Millionen Toten in China verschweigen. Der Zweite Weltkrieg forderte damit allein in China mehr Opfer als in den dafür verantwortlichen Mächten Deutschland, Japan und Italien zusammen. Eine andere Zahl: Allein in der philippi-

nischen Hauptstadt Manila kamen 100 000 Menschen aus der Zivilbevölkerung ums Leben – mehr als in Dresden, Köln oder Berlin; jede und jeder 16. Bewohner und Bewohnerin dieses Landes starb im Zweiten Weltkrieg. Und während bekannt ist, dass bei den Kämpfen auf Neuguinea 127 000 Japaner sowie Zehntausende Australier und US-Amerikaner starben, hat die Toten der Einheimischen niemand gezählt; stattdessen hieß es beispielsweise in einer Dokumentation des ZDF 2004 zum Thema, die meisten der umkämpften Inseln seien ›unbewohnt‹, mit anderen Worten: ›leer‹ gewesen. In Wirklichkeit lebten hier Millionen von Menschen; die Nachfahren sprechen noch heute von dieser Zeit als dem ›Großen Tod‹. Und so weiter und so fort. Aber all das zählt ohnehin nicht zur Geschichte: Traf es doch ›stagnierende Völker‹.



37 Zit. nach Rössel 2010

38 Vgl. Hong 2007, S. 74

39 Ebd., S. 74 f.

40 Vgl. dazu unter anderem http://fr.wikipedia.org/wiki/Loi_fran%C3%A7aise_du_23_f%C3%A9vrier_2005_portant_reconnaissance_de_la_Nation_et_contribution_nationale_en_faveur_des_Fran%C3%A7ais_rapatri%C3%A9s

41 Vgl. Ziegler 2008, S. 87

42 Ebd.

43 Zur Verachtfachung zwischen 1960 und 2002: Eric Toussaint und Arnaud Zacharie vom Komitee für die Annullierung der Schulden der Dritten Welt (www.ila-web.de/artikel/257nullund.htm); zur Verdoppelung zwischen 2003 und 2013: de.statista.com/statistik/daten/studie/159798/umfrage/entwicklung-des-bip-bruttoinlandsprodunkt-weltweit

44 Die folgenden Informationen stammen überwiegend aus: Stiglitz 2002.

45 www.spiegel.de/spiegel/print/d-88137160.html, 37/2012

46 Foucault 1979, S. 103
47 Ebd., S. 102
48 Bröckling 2000, S. 152 f.
49 Foucault 1976, S. 75
50 Ebd., S. 295; Lemke 1997, S. 256
51 Foucault 1979, S. 318
52 Ha 2007, S. 116
53 Zinflou 2007, S. 63
54 Sarrazin 2010, S. 121. Da ich mich durch dieses Buch nie selbst gequält habe, verdanke ich diesen Hinweis der Einleitung des von Sebastian Friedrich herausgegebenen Bandes »Rassismus in der Leistungsgesellschaft«, 2011.
55 Vgl. Foucault 1976, S. 294 ff; Steyerl 2003, S. 39
56 Schwiertz 2012
57 hooks 1984, S. 84
58 Popal 2007, S. 88; das (von mir übersetzte) Zitat stammt aus: hooks 2000, S. 44; (bell hooks, das Pseudonym der Literaturwissenschaftlerin Gloria Watkins, wird von dieser selbst in konsequenter Kleinschreibung publiziert.)
59 Mariam Popal (2007, S. 96) verweist auf dieses (hier thematisch verfremdete) Zitat von Frigga Haug in dem von dieser und Katrin Reimer 2005 herausgegebenen Essayband »Politik ums Kopftuch«.
60 Wagner 2010
61 Shooman 2011, S. 65
62 Mysorekar 2007b, S. 339
63 Für die Türkei laut Corporate Gender Gap Report 2010; für Deutschland laut Deutschem Institut für Wirtschaftsforschung.
64 Popal 2007, S. 96
65 Zit. nach Shooman 2011, S. 73
66 Räthzel 2011, S. 230

67 Zinflou 2007, S. 59 f.

68 So auf der Gmx-Nachrichtenseite vom 12. Dezember 2012

69 www.refugeetribunal.org/?p=39

70 Das Beispiel wurde vorgetragen von Nidhi Tandon vom Netzwerk Networked Intelligence for Development (www.networkedintelligence.com) anlässlich der Tagung »Nachhaltiges Wirtschaften und Grünes Wachstum – Wer (ver)sorgt eigentlich?«, veranstaltet vom Projekt »genanet« und der Friedrich Ebert-Stiftung am 12. Februar 2013 in Berlin.

71 Arndt 2005, S. 26

72 Ausführlich geht es hierum in: Habermann 2008.

73 Vgl. taz, 20. Februar 2013

74 Kalpaka und Räthzel 1986

75 Wilkinson und Pickett 2010. Diese Hoffnung formulierte Richard Wilkinson auf der Österreichischen Armutskonferenz 2010 in Salzburg.

# Literatur

Arndt, Susan: Weißsein. Die verkannte Strukturkategorie Europas und Deutschlands. In: Eggers et al. 2005, S. 24–28

Bitterli, Urs: Die ›Wilden‹ und die ›Zivilisierten‹. Die europäisch-überseeische Begegnung, München 1982 (1976)

Bröckling, Ulrich: Totale Mobilmachung. Menschenführung im Qualitäts- und Selbstmanagement. In: Bröckling et al. (Hrsg.): Gouvernementalität der Gegenwart – Studien zur Ökonomisierung des Sozialen, Frankfurt/M. 2000, S. 131–167

Butler, Judith: In Prozesse von Prekarisierung eingreifen. In: Das Argument 281(3): 2009, S. 430–436

Davis, Mike: Die Geburt der Dritten Welt. Hungerkatastrophen und Massenvernichtung im imperialistischen Zeitalter, Berlin, Hamburg, Göttingen 2004

Demny, Oliver: Rassismus in den USA. Historie und Analyse einer Rassenkonstruktion, Münster 2001

Eggers, Maureen Maisha, Grada Kilomba, Peggy Piesche, Susan Arndt (Hrsg.): Mythen, Masken und Subjekte. Kritische Weißseinsforschung in Deutschland, Münster 2005

Ergün, Mutlu: Kara Günlük. Die geheimen Tagebücher des Sesperado, Münster 2010

Finzsch, Norbert, James O. Horton, Lois E. Horton: Von Benin nach Baltimore. Die Geschichte der African Americans, Hamburg 1999

Foucault, Michel: In Verteidigung der Gesellschaft. Vorlesungen am Collège de France (1975–76), Frankfurt/M. 1999 (1976)

Foucault, Michel: Die Geburt der Biopolitik. Geschichte der Gouvernementalität II, Frankfurt/M. 2004 (1979)

Friedrich, Sebastian (Hrsg.): Rassismus in der Leistungsgesellschaft. Analysen und kritische Perspektiven zu den rassistischen Normalisierungsprozessen der ›Sarrazindebatte‹, Münster 2011

Guillaumin, Colette: Racism, Sexism, Power and Ideology, London 1995

Gunkel, Christoph: Strahlende Krieger, dunkle Vergangenheit. Kino-Drama mit Erinnerungslücke, 4. Februar 2013; http://einestages.spiegel.de/s/tb/27321/kinofilm-die-maenner-der-emden.html

Ha, Kien Nghi: Deutsche Integrationspolitik als koloniale Praxis. In: Ha et al. 2007, S. 113–128

Ha, Kien Nghi, Nicola Lauré al-Samarai, Sheila Mysorekar (Hrsg.): re/visionen. Postkoloniale Perspektiven von People of Color auf Rassismus, Kulturpolitik und Widerstand in Deutschland, Münster 2007

Habermann, Friederike: Der homo oeconomicus und das Andere. Hegemonie, Identität und Emanzipation, Baden-Baden 2008

Habermann, Friederike: Aneinandergekettet. In: Oya – anders denken, anders leben. 17/2012, S. 52–55

Hall, Stuart: Alte und neue Identitäten, alte und neue Ethnizitäten. In: ders.: Rassismus und kulturelle Identität. Ausgewählte Schriften 2, hrsg. v. Ulrich Mehlem et al., Hamburg 1994, S. 66–88 (1991)

İlkkaracan, İpec: Why so Few Women in the Labor Market in Turkey? In: Feminist Economics 18(1): 2012, S. 1–37

Hong, Young-Sun: Migrantischer Transnationalismus. In: Ha et al. 2007, S. 73–85

hooks, bell: Schwesterlichkeit: Politische Solidarität unter Frauen. In: Beiträge zur feministischen Theorie und Praxis, 27/1990, S. 77–92 (1984)

hooks, bell: Feminism is for Everybody. Passionate Politics, Cambridge/MA 2000

Hund, Wulf D.: Rassismus. Die soziale Konstruktion natürlicher Ungleichheit, Münster 1999

Hund, Wulf D.: Negative Vergesellschaftung. Dimensionen der Rassismusanalyse, Münster 2006

Jordan, Winthrop D.: White Over Black. American Attitudes Toward the Negro 1550–1812, North Carolina 1968

Kalpaka, Annita und Nora Räthzel (Hrsg.): Die Schwierigkeit, nicht rassistisch zu sein, Berlin 1986

Laqueur, Thomas: Making Sex. Cambridge/MA 1990 (auf Deutsch: Auf den Leib geschrieben. Die Inszenierung der Geschlechter von der Antike bis Freud, Frankfurt/M. 1992)

Lemke, Thomas: Eine Kritik der politischen Vernunft. Foucaults Analyse der modernen Gouvernementalität, Berlin und Hamburg 1997

Marshall, P. J. und Glyndwr Williams: The Great Map of Mankind. British Perceptions of the World in the Age of Enlightenment, London, Melbourne, Toronto 1982

McClintock, Anne: Imperial Leather: Race, Gender and Sexuality in the Colonial Conquest, New York und London 1995

Mosse, George L.: Toward the Final Solution. A History of European Racism, New York 1978

Mysorekar, Sheila: Guess my Genes. Von Mischlingen, MiMiMis und Multiracials. In: Ha et al. 2007, S. 161–170 (2007a)

Mysorekar, Sheila: Widerstand. Poesie des Überlebens. In: Ha et al. 2007, S. 339–346 (2007b)

Popal, Mariam: Kopftücher HipHop. Körper sprechen (schweigend) andere Geschichten. In: Ha et al. 2007, S. 87–109

Räthzel, Nora: Sarrazin und die neoliberale Globalisierung. Zu einigen übersehenen Aspekten der Debatte. In: Friedrich 2011, S. 230–251

Recherche international (Hrsg.): ›Unsere Opfer zählen nicht‹. Die Dritte Welt im Zweiten Weltkrieg, Berlin u. a. O. 2005

Rössel, Karl: ›Volk ohne Raum‹. Zur Kontinuität kolonialer Begierden in Deutschland; http://lernen-aus-der-geschichte.de/Lernen-und-Lehren/content/8235/2010-05-12-Volk-ohne-Raum (2010)

Schiebinger, Londa: Am Busen der Natur. Erkenntnis und Geschlecht in den Anfängen der Wissenschaft, Stuttgart 1995 (1993)

Shooman, Yasemin: Keine Frage des Glaubens. Zur Rassifizierung von ›Kultur‹ und ›Religion‹ im antimuslimischen Rassismus. In: Friedrich 2011

Stiglitz, Josef: Schatten der Globalisierung, Berlin 2002

Terkessidis, Mark: Psychologie des Rassismus, Opladen, Wiesbaden 1998

Wagner, Constantin: Diskriminierende Darstellungen von MuslimInnen in deutschen Medien. In: Rassismus und Diskriminierung in Deutschland, hrsg. von der Heinrich Böll-Stiftung 2010; www.migration-boell.de/web/diversity/48_2493.asp

Wilkinson, Richard und Kate Pickett: Gleichheit ist Glück. Warum gerechte Gesellschaften für alle besser sind, Frankfurt/M 2010

Ziegler, Jean: Das Imperium der Schande. Der Kampf gegen Armut und Unterdrückung, München 2008

Zinflou, Sascha: Entwurfsmuster des deutschen Rassismus. Ein theoretischer Überblick. In: Ha et al. 2007, S. 55–64